selbst ist der Mann

# Reparaturen in Haus und Wohnung

## Das Heimwerkerbuch mit vielen farbigen Abbildungen



MOEWIG

Verlagsunion Erich Pabel-Arthur Moewig KG, Rastatt

Sämtliche Anleitungen und Abbildungen stammen, sofern nicht anders angegeben, aus dem Redaktionsarchiv der Zeitschrift „Selbst ist der Mann", Köln. Alle Angaben zu Material, Anwendung und Verarbeitung wurden sorgfältig geprüft. Dennoch muß im Einzelfall entschieden werden, ob die Bauvorschläge für den konkreten Verwendungszweck geeignet sind. Der Verlag kann eine Haftung für Personen-, Sach- oder Vermögensschäden, die sich aufgrund von Arbeiten gemäß den in diesem Band gesammelten Anleitungen ergeben, nicht übernehmen.
Nachweis der Urheberrechte: S. 9-12: Hüppe/„Selbst ist der Mann"; S. 13-22: Homedecor/Caparol-Farben; S. 35-44: Haro/Ceresit/„Selbst ist der Mann"; S. 79-82: Marley/„Selbst ist der Mann"; S. 94: Caparol-Farben.

4. Auflage

Originalausgabe

Redaktion: Gerrit Wöckener
Umschlagentwurf und -gestaltung: Werbeagentur Zeuner, Ettlingen
Umschlagfotos: Redaktionsarchiv „Selbst ist der Mann"
Auslieferung in Österreich:
Pressegroßvertrieb Salzburg Gesellschaft m. b. H.,
Niederalm 300, A-5081 Anif
Printed in Germany 1991
Druck und Bindung: Mohndruck
Graphische Betriebe GmbH, Gütersloh
ISBN 3-8118-8341-0

# Inhalt

# Frische Fugen fürs Bad

Der Zahn der Zeit nagt nicht nur an Hausfassaden und am Karosserieblech; auch Bodenbeläge und Fliesenfugen werden im Lauf der Jahre unansehnlich. Wie ein im wahrsten Sinne des Wortes „ergrautes“ Badezimmer im Handumdrehen wieder blitzt und blinkt, erfahren Sie auf dieser Seite.

Zunächst wurde die alte Toilettenschüssel demontiert, dann das Fallrohr um wenige Zentimeter verkürzt und mit einem Dichtungsring versehen. Anschließend ging es an die eigentliche „Frisch-Kur“: Mit Fugenstrich haben wir der Fugenmasse wieder zu ihrem ursprünglichen Aussehen verholfen. Die Anwendung ist völlig unkompliziert. Fugenstrich aus der Kunststoffflasche auf einen weichen Schwamm geben und über die grau gewordenen Fugen streichen. Nach kurzer Trockenzeit läßt sich das überflüssige Weiß mit einem groben Schwamm problemlos von den Fliesen entfernen.

***Die alte WC-Schüssel ist entfernt, nun kann es ans Fugen-„Renovieren“ gehen. Das Auffrischen dieser Platten-Zwischenräume bringt sehr viel mehr, als man zunächst annehmen möchte. Tatsächlich aber erwecken „neue“ Fugen den Eindruck, eine völlig neu verflieste Wand vor sich zu haben.***

***Das Fallrohr (Abflußrohr) ist verkürzt worden und hat einen neuen Dichtungsring bekommen. Die vormals vergrauten Fugen sind schon in Weiß überstrichen. Man braucht nur noch mit einem groben Schwamm die überflüssige Farbe von den Fliesen zu entfernen.***

# Schutz gegen die Sonne

***Wie der ziemlich kahle Erker oben nach unserer Verbesserungsmaßnahme aussieht, zeigt die vorhergehende Seite – die Senkrechtlamellen haben etwas aus ihm gemacht, ihm die gewisse Öde genommen. Ganz abgesehen von rein innenarchitektonischen Gesichtspunkten erfüllen die Lamellen eine äußerst praktische Aufgabe: die genaue Dosierung der Sonneneinstrahlung.***

Auch wenn man die Sonne noch so sehr liebt – manchmal kann sie in der Wohnung ausgesprochen lästig sein. Eine gute Möglichkeit, das Licht so zu dosieren, wie man es persönlich benötigt, sind vertikale Lamellenvorhänge. Zudem lassen sie sich als äußerst dekoratives Gestaltungselement und auch als Raumteiler – besonders im Wohnbereich – in die Planung mit einbeziehen. In unserem Fall wurde ein ziemlich kahler Erker auf diese Weise elegant in den Wohnraum integriert. Auch Problemfälle wie trapezförmige oder dreieckige Giebelfenster lassen sich damit attraktiv und funktionell lösen.

Die Vertikaljalousien von Hüppe (Fachhandel) erhalten Sie in unterschiedlichen Qualitäten und vielen Farben. Die Lamellenbreite beträgt 127 mm, bei bestimmten Lamellen wahlweise auch 90 mm. Die Kopfprofile gibt es aluminiumfarben oder dunkel eloxiert. Sie werden entsprechend Ihren Maßen angefertigt und zusammen mit

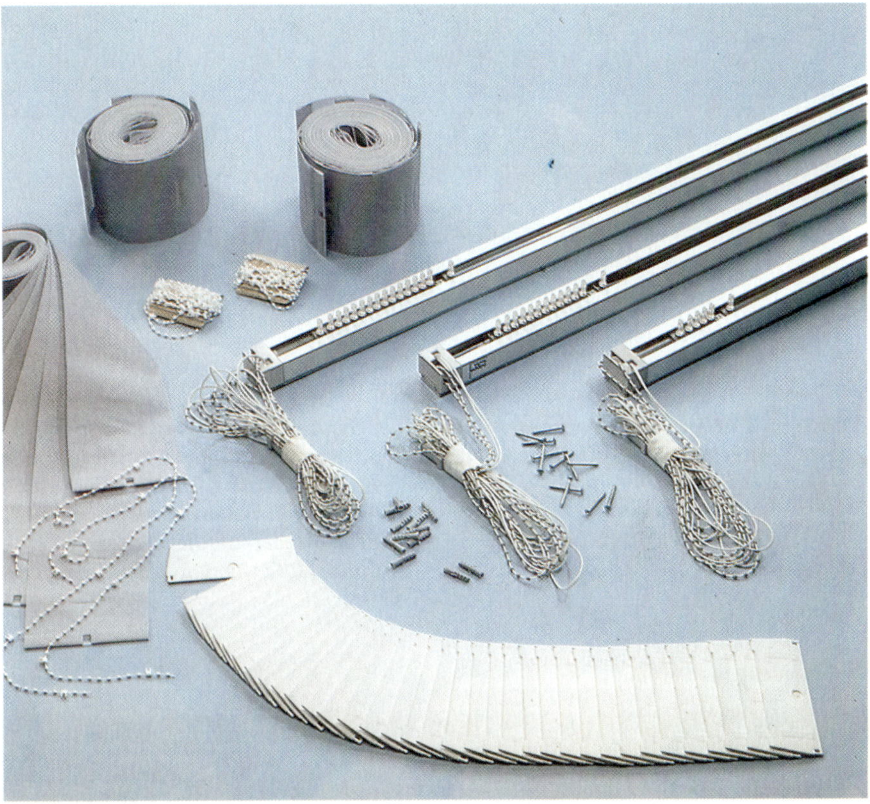

***Und so sieht das Material aus, das Sie benötigen, um die elegante Verwandlung Ihrer Wohnung zu bewirken. Die Jalousien gibt es in unterschiedlichen Ausführungen und entsprechenden Preislagen. Die Montage muß zwar sorgfältig vorgenommen werden, ist aber nicht sonderlich schwierig.***

den nötigen Dübeln, Schrauben, Beschwerungsplatten, Ketten mit Wendern und den Lamellen geliefert. Wichtig ist, bei der Bestellung anzugeben, wo die Bedienung und das Lamellenpaket angebracht werden sollen. Dies hängt davon ab, von welcher Seite Ihre Türen oder Fenster zu öffnen sind, damit es dort nicht zu „Kollisionen“ kommt. Mit zusätzlich zu bestellenden Zierblenden in Weiß, Beige und Braun können Sie die Kopfprofile verdecken oder aber gleich Einputzprofile verwenden. Außerdem besteht noch die Möglichkeit, die Lamellen zwischen dem Kopfprofil und einer Unterschiene zu spannen.

Für ganz „Faule“ gibt es eine Elektroausführung mit Infrarot-Fernbedienung, mit der sich die Jalousien von jedem Punkt des Zimmers aus bewegen lassen. Dieser Luxus hat aber auch seinen Preis.

*Durch die Löcher in der Deckenschiene werden zunächst die Positionen der Dübel angezeichnet, . . .*

*. . . dann tritt der Bohrhammer in Aktion. Mit ihm werden Löcher in die Decke eingebracht. Danach steckt man die Dübel ein. Anschließend wird die Schiene wieder an die Decke gehalten und mit Hilfe der Dübel und den entsprechenden Schrauben befestigt.*

*Nachdem die Schienen an der Decke angebracht und die Lamellen in die dafür vorgesehenen Klipse eingehängt sind, werden in die werksseitig vorbereiteten Laschen der Lamellen die Beschwerungsplatten eingeschoben.*

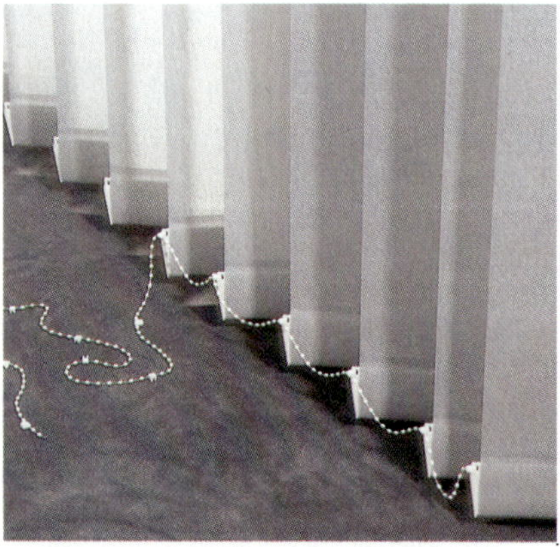

*Anschließend klipst man die Ketten mit den Wendern in die Beschwerungsplatten ein – erst hinten, dann vorn. Und damit ist der senkrechte Sonnenschutz installiert.*

# Türen – aus alt mach neu

In den meisten Wohnungen und Häusern sind die Türen genormt, in den Maßen wie im Aussehen. Das mag seine Vorteile im Hinblick auf die Kosten haben – schön oder gar originell sind diese drehbaren Flächen beim besten Willen nicht. Nun unterliegen Türen zwangsläufig einer größeren Abnutzung als etwa Wandflächen, und daher kommt immer mal der Moment, der einen zwingt, eine Renovierung ins Auge zu fassen. Und das ist Ihre Chance: Pfeifen Sie auf die Standardlackierung und lassen Sie Ihre Fantasie spielen! Warum nicht aus der Tür ein drehbares Bild machen oder durch eigenwillige Bemalung einen „Hingucker", warum nicht an der Tür Einstecktaschen befestigen oder das Norm-Türblatt in eine Kassettentür verwandeln? Im folgenden finden Sie eine Reihe von Anregungen, und wir sind sicher, daß Ihnen zu dem Thema bestimmt noch zusätzlich eine ganze Menge einfallen wird.

***Aus Sackleinen, Nessel oder einem anderen strapazierfähigen Stoff nähen Sie ein Bild nach eigenen Ideen. Achten Sie auf etwa 1 cm breite Säume, bei den aufzunähenden Motiven außerdem auf quadratische oder rechteckige Formen, die als praktische Taschen dienen sollen. Die Bespannung muß knapp mit den Maßen der Tür übereinstimmen, denn der Stoff dehnt sich ein wenig. Kleine Unebenheiten lassen sich durch die Umrahmung verdecken. Die Rahmenleisten zum Stoff passend lackieren. Mit kleinen Nägeln zunächst die Ecken fixieren, dann die Seiten und Taschen.***

*Eine Bauernhof-Idylle, ganz im Stil naiver Künstler, soll das Zimmer verschönern – das ist die Grundidee für die sogenannte Bauerntür. Wer mit Pinsel und Palette umgehen kann oder sich einmal daran versuchen möchte, malt seinen Bauernhof selbst. Anderenfalls findet sich im Kaufhaus oder Kramladen bestimmt ein geeignetes Poster. Das Bild wird – etwa mit Sprühkleber – auf einer 5 mm starken Sperrholzplatte befestigt. Die Tür in einem zum Bild passenden Ton lackieren und das aufgezogene Motiv auf die obere Türhälfte leimen oder nageln. Dann 5 mm starke und 28 mm breite Leisten weiß lackieren und das Bild damit einrahmen. Darauf den erhabenen Gitterrahmen aus ebenfalls 5 mm starken, aber nur 18 mm breiten Leisten – ebenfalls weiß lackiert – befestigen. Den gleichen Rahmen aus 28 mm breiten Leisten auf die untere Türhälfte leimen oder nageln, allerdings jetzt ohne „Gitterstäbe“ und Poster.*
*Statt der weiß lackierten können Sie natürlich nach Geschmack andersfarbige Zierleisten verwenden.*

*Wie bei der Bauerntür, so werden auch für diese Kassettentür Zierleisten benötigt. Sie sind im Heimwerkermarkt zu bekommen und müssen nur noch mit der Säge und Gehrungslade zurechtgeschnitten werden. Auf obere und untere Türhälfte wird je eine rechteckige Platte aus 5 mm starkem Sperrholz genagelt und mit den Leisten umrahmt. Zwischen diese beiden großen Kassetten kann als zusätzliche Dekoration ein Mini-Quadrat gesetzt werden – ebenfalls aus Zierleisten gesägt und mit Leim oder Stiften auf dem Türblatt befestigt. Das Miniatur-Element dabei als Karo auf die Spitze stellen.*
*Türblatt und Kassetten in einem Ton beizen, der zur Einrichtung paßt. Schleifen, lackieren und eine verschnörkelte Klinke anbringen.*

***Bei den vorhergegangenen Beispielen haben wir Dreidimensionales auf die Tür aufgebracht (Stoff oder Leisten); jetzt zwei Vorschläge für den Fall, daß Sie sich aufs Lackieren beschränken möchten. Lackieren lassen sich grundsätzlich alle Flächen, vom rohen Holz bis zum Türblatt mit intaktem einfarbigem Untergrund. Hier nun ein paar Tips für den neuen Anstrich: Zunächst wird der alte Lack mit mittelgrobem Schleifpapier von Hand oder maschinell aufgerauht, dann den Schleifstaub gründlich entfernen (falls das Türblatt aus rohem Holz besteht, könnten Sie diese Arbeitsgänge natürlich überschlagen). Weiter geht's auf der nächsten Seite.***

*Wir müssen noch einmal zu den Vorarbeiten zurückkehren, denn wenn der Lack auf der zu renovierenden Tür bereits abbröckelt, hilft nur massives Vorgehen mit einem Abbeizmittel. Tragen Sie es am besten im Freien oder in gut belüfteten Räumen auf, warten Sie, bis sich der Lack kräuselt (nach ca. 15 Minuten), und schieben Sie dann die abgelöste Farbschicht mit dem Spachtel ab. Anschließend muß die Fläche gut mit Wasser abgewaschen werden; eventuell nachschleifen. Danach kommt der Vorstrich – wie bei rohem oder angerauhtem Holz – mit Holzprimer. Jetzt folgen in der Regel zwei Anstriche mit Acryllack, wobei Sie zuerst die hellen und dann die dunklen Farben verarbeiten sollten. Rot-, Orange- und Gelbtöne decken besser und wirken besonders brillant, wenn ihnen beim ersten Anstrich 10 Prozent Weiß zugemischt wird.*

***Attraktiv für ein Jungen-Zimmer: der durch die Tür jagende Moto-Cross-Fahrer. Es finden sich für nahezu jeden Gusto Tür-Bilder, die Abwechslung und/oder Pfiff in die eigenen vier Wände bringen. Hier nun eine weitere Möglichkeit, sich seine Türen individuell zu gestalten: das Aufbringen eines Posters. Die Auswahl ist riesig, fast so groß, daß es schwerer scheint, das geeignete Motiv zu finden, als es anschließend auch auf die Tür zu bringen. Und wem die Poster „von der Stange" nicht ausreichen, kann es mit einer Vergrößerung vom selbst aufgenommenen Foto versuchen. Es gibt relativ preiswerte Angebote, das Privatfoto auf Postergröße zu ziehen. Warum also nicht das eigene Urlaubsfoto auf die Tür tapezieren? Wie das geht, zeigen wir auf der nächsten Seite.***

*Zunächst rühren Sie Kleister an und lassen ihn entsprechend der Gebrauchsanweisung quellen. Die Tür sollten Sie in der Zwischenzeit aushängen und auf Böcken oder einem Tisch waagerecht lagern. Dann entfernen Sie Türgriff und -schild und beseitigen vorhandene Unebenheiten.*

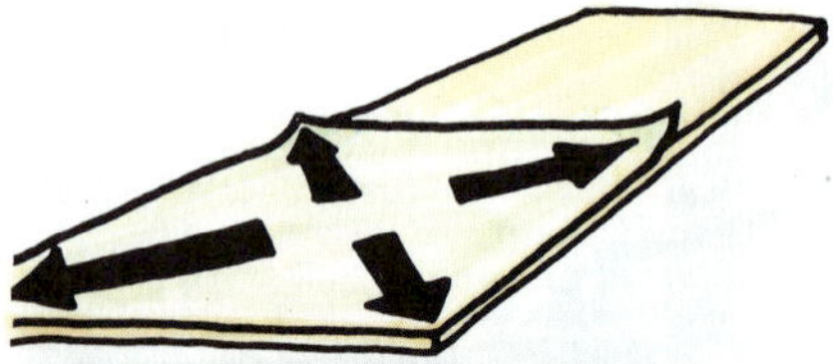

*Ist die Fläche glatt und sauber, wird sie mit feinem Schleifpapier leicht aufgerauht. Danach kleben Sie die Tapete auf, indem Sie überflüssigen Kleister oder auch Bläschen mit einem weichen Schwamm oder Tuch von der Mitte nach außen streichen.*

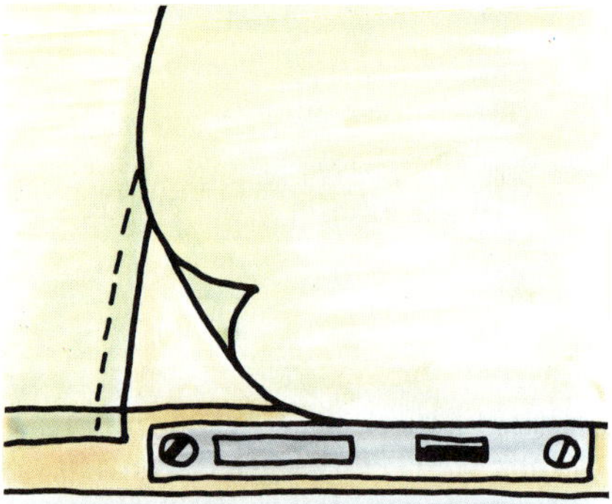

*Ober- und Unterhälfte der Tapete sollten sich um etwa 5 mm überlappen. So, und nun die Hände weg, denn jetzt sollte die Tür samt Fototapete bis zum nächsten Morgen ruhen.*

*Zum Schluß werden die Kanten mit einem sehr scharfen Messer oder einer Rasierklinge abgeschnitten und anschließend mit sehr feinem Sandpapier abgeschliffen.*

***Eine verblüffend einfache Idee zur Neugestaltung von Türen präsentiert die Firma Caparol. Sie hat 18 farbenfrohe Türbilder entworfen, die einen wesentlichen Vorteil haben: Sie lassen sich allesamt mit Hilfe einer auf Transpa - rentpapier gedruckten Strichzeichnung auf die Türfläche projizieren. Dazu ist***

*die jeweilige Zeichnung im Kleinbild-Diaformat gehalten. Sie muß nur ausgeschnitten und in einem handelsüblichen Diarähmchen plaziert werden. Die Umrisse der Zeichnung können mit einem weichen Bleistift auf die Tür übertragen werden. Danach ist es nur noch nötig, die einzelnen Farbflächen nach den Angaben der farbig auf einem Poster (siehe Abb. auf der vorhergehenden Seite) wiedergegebenen Zeichnungen seidenmatt oder hochglänzend zu lackieren. Erhältlich sind Poster und Transparentzeichnungen gegen einen Unkostenbeitrag von DM 1,90 in Briefmarken bei Caparol-Farben, Abteilung MP, 6105 Ober-Ramstadt.*

*Übrigens: Nach demselben Verfahren lassen sich auch Garagentore und Zimmerwände bildhaft und ideenreich bemalen. Ein Poster mit 24 Garagentor-Motiven einschließlich der Transparentzeichnungen gibt es gegen einen Unkostenbeitrag von DM 1,50 in Briefmarken ebenfalls bei Caparol-Farben. Die Transparentbogen-Broschüre „Farbige Rauhfaser-Ideen" mit 24 dekorativen Wand-Bildmotiven, von denen eines die nebenstehende Abbildung zeigt, erhalten Sie samt Poster mit jeweiligen Farbangaben gegen einen Unkostenbeitrag von DM 5,– in Briefmarken beim Erfurt-Leserservice, Postfach 20, 6105 Ober-Ramstadt.*

# Tür neu verglast

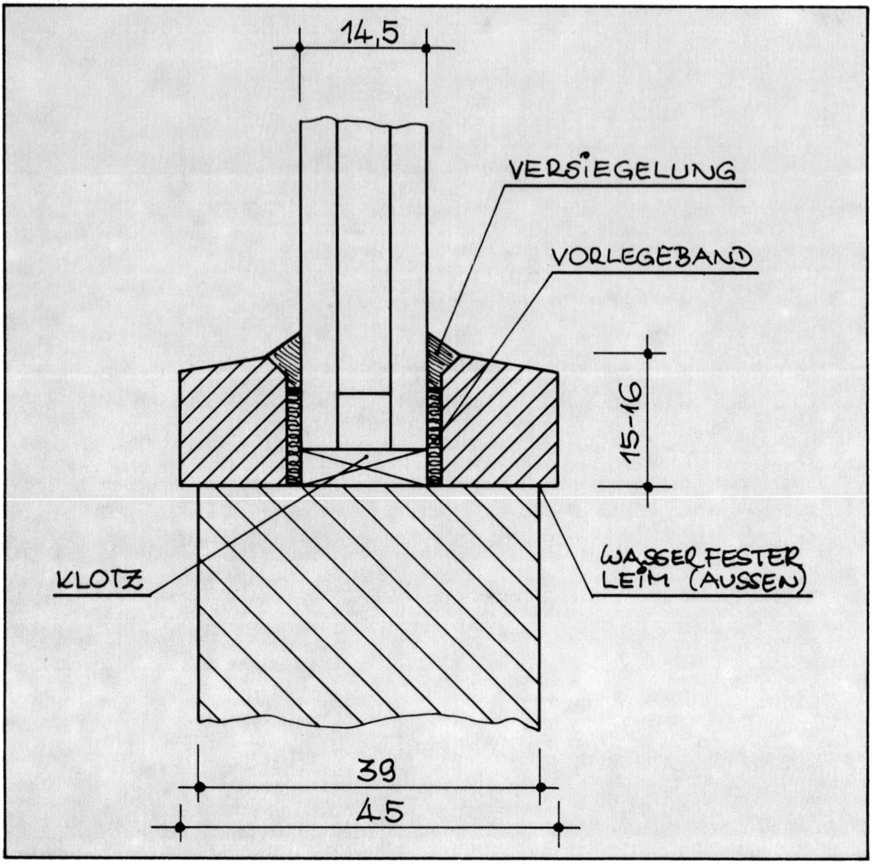


***Die Schnittzeichnung verdeutlicht den konstruktiven Aufbau von Rahmen, Isolierglas und Versiegelung. Wichtig bei der Neuverglasung: Ein gewisses Spiel zwischen Glas und Rahmen lassen, damit keine Spannungen auftreten.***

Eine Reparatur, die, schon längst fällig, immer wieder hinausgeschoben wurde: Die Scheibe in der (Terrassen-)Tür brauchte unbedingt eine neue Versiegelung. Der Kitt bröckelte langsam, aber sicher ab, wurde immer unansehnlicher und dichtete nicht mehr richtig. Als dann auch noch ein Stein das Glas beschädigte, war die Reparatur nicht mehr aufzuschieben.

Wenn also schon ein Glasaustausch anstand, wollten wir, sofern möglich, Isolierglas verwenden. Aufgrund des sehr viel höheren Gewichts der Isolierglasscheibe gegenüber der herkömmlichen Einscheiben-Verglasung werden sowohl der Holzrahmen als auch die Türscharniere wesentlich stärker belastet. Voraussetzungen für die lärmschluckende und wärmedämmende Verglasung sind also ein tragfähiger, genügend dicker Rahmen aus gesundem Holz und ausreichend starke Scharnierbeschläge. In unserem Fall traf beides zu; nur der vorhandene Falz war zu niedrig, um die umlaufende Isolierkante des Glases zu verdecken. Deshalb haben wir mit einer präzise geführten Oberfräse den alten Falz bis zur Basis entfernt. Auf Gehrung geschnittene Leisten (Profil und Anordnung können Sie der Skizze entnehmen) wurden – unter Zugabe von wasserfestem Leim – mit dem Rahmen vernagelt und so ein neuer Falz geschaffen. Nach dem Abbinden haben wir die Tür umgedreht, umlaufend Vorlegeband eingeklebt, die Scheibe eingelegt, mit einem Spatel ausgerichtet und mit kleinen Hartholzresten ohne Spannung „verklotzt". Jetzt die anderen, mit Vorlegeband versehenen Glasleisten befestigen und alle Leisten lasieren. Nach dem Trocknen sauber mit Silikon versiegeln.

***So unansehnlich war die Glastür geworden. Nachdem zunächst die alte Scheibe mit Hilfe eines Stechbeitels (vgl. Foto auf S. 23) entfernt wurde, wird jetzt***

***mit der Oberfräse der alte Falz entfernt und gleichzeitig Platz für die dickere Isolierglasscheibe geschaffen.***

*Nach dieser vorbereitenden Arbeit erhält der Rahmen einseitig eine neue Falzleiste. Dann wird die Tür . . .*

*. . . umgedreht und jetzt von oben das Vorlegeband in den neuen Falz eingeklebt.*

*Das Abkleben der Leisten mit Kreppstreifen vor dem Lasieren ist zwar eine zeitraubende Vorbereitung, aber sie lohnt sich.*

*Das gilt auch für das abschließende Versiegeln mit Silikon: Wer sich nicht sicher ist, sollte auch dabei lieber zum Kreppstreifen greifen.*

Treppen-Sanierung

Wie man sieht, hat die alte Treppe eine Menge „auf dem Kerbholz“, denn schließlich hat sie ein Menschenleben lang alles ertragen – und das hat Spuren hinterlassen. Vor allem deshalb, weil man auf dieser Treppe die Kurve kriegen muß, und durch die kleine Drehbewegung der Schuhe sind die Tannenholz-Stufen in der Biegung der Treppe aus der Form geraten.

Um für neuen festen Halt zu sorgen, kann man die ausgetretenen Stufen mit einem Reparaturspachtel nivellieren. Dazu muß das Holz trocken und staubfrei sein. Eine Drahtbürste zeigt schnell, ob der Untergrund tragfähig ist oder ob die Farbreste noch beseitigt werden müssen.

Als Abschlußkante nageln Sie eine Leiste als Schalbrett an die Stufe und kleben einen Streifen Isolierband auf, damit der Spachtel dort nicht haften kann. Den Reparaturspachtel tragen Sie aus dem Topf direkt auf. Die Abbindezeit ist kurz: Klebereste immer gleich vom Spachtel entfernen! Eine besonders glatte Oberfläche entsteht, wenn Sie mit dem Quast Wasserspritzer auf den ausgestrichenen, aber noch nicht abgebundenen Spachtel geben und erneut abziehen.

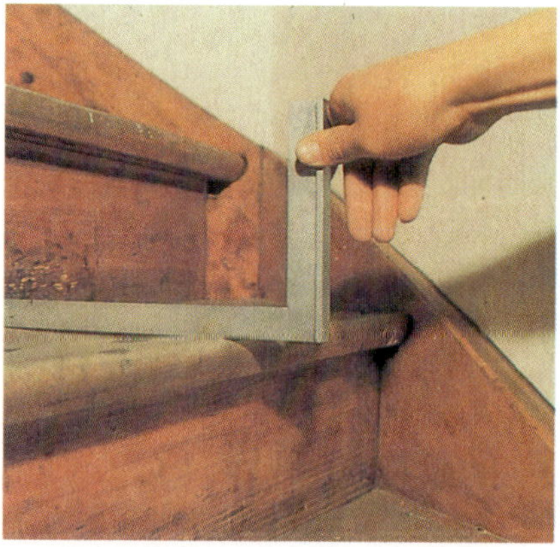

***Wie viele Tritte mußte diese alte Treppe wohl schon über sich ergehen lassen? Nun soll sie für neue Generationen gerüstet werden.***

***Der angelegte Winkel zeigt deutlich, wie stark und an welchen Stellen die Treppenstufen abgenutzt sind. Da in unserem Fall auch die senkrechten Teile ziemlich ramponiert waren, entschlossen wir uns, die Treppe bei dieser Gelegenheit gleich komplett mit Teppichboden auszustatten.***

*Zunächst wird eine Dachlatte als Schalbrett vor die Stufenkante genagelt. Die Latte klebt man zweckmäßigerweise vorher mit Isolierband ab, damit an ihr der Spachtel nicht haftet.*

*Dann heißt es zügig arbeiten, denn der Spachtel bindet ziemlich schnell ab.*

*Mit Winkel und Wasserwaage sollten Sie immer wieder überprüfen, ob Sie auch exakt gearbeitet haben.*

*Schon nach 30 Minuten hat der Spachtel abgebunden und ist voll belastbar. Sie können die Treppe nicht nur wieder betreten, sondern sich auch gleich an die Verlegung des Teppichbodens machen.*

***Es ist geschafft. Die ehemals so ramponierte Treppe wirkt wie neu – und das mit vergleichsweise einfachen und preiswerten Mitteln. Unter dem Teppichboden verbirgt sich die eigentliche Reparatur, die mit Hilfe des Spachtels dafür gesorgt hat, daß nicht die ganze Treppe ausgewechselt werden mußte.***

# Hilfe, der Boden knarrt!

***Bei dieser Altbau-Renovierung wurden die Dielen abgenommen, die Zwischenräume isoliert und mit Preßspanplatten ein planebener Untergrund geschaffen.***

***Ganz nebenbei konnten bei diesen Arbeiten auch die Leitungen erneuert und zum Teil im Boden verlegt werden.***

Rotbraun ist er meist gestrichen, der gute alte Dielenboden aus einfachem Tannenholz. Wenn man nach der gründlichen Altbau-Modernisierung eines wegbekommen will, dann sind es auch die berühmt-berüchtigten knarrenden Geräusche, die der meist noch wellige Boden von sich gibt. Von der Hellhörigkeit der Decke ganz zu schweigen.

Als Gegenmittel stellen wir Ihnen eine Platte aus Gipsfaser (von fermacell, im Fachhandel erhältlich) vor, die – 20 mm dick – im Trockenausbau auf die Dielen geschraubt werden kann. Bei welligem Boden ist eine Ausgleichsschüttung erforderlich. Wollen Sie mehr erreichen, nämlich außerdem eine Wärme- bzw. Trittschalldämmung, wählt man eine um ca. 10 mm dickere Ausführung der Estrich-Elementplatte. Sie besitzt entweder eine Schicht aus Schaumkunststoff oder aus Mineralwolle. Wenn auch die lauteste Sohle zum Schweigen gebracht werden soll, kommt unter die Mineralwolle noch eine Lage aus Leichtbetonplatten, bei fermacell TSY-Stein genannt.

Wir entfernten den schadhaften Dielenboden, füllten die Hohlräume in der Decke mit Dämmwolle aus und sorgten mit Spanplatten für einen ebenen Untergrund. Damit auch in Zukunft kein Knarren entstehen kann, legten wir als Unterlage das sonst als Rieselschutz genutzte Bitumenpapier aus.

Die Verlegung beginnt entgegengesetzt vom Eingang. Mit einem Spalt Abstand zur Wand werden die Platten aufgelegt und die umlaufenden Falze verklebt sowie verschraubt. Nach dem anschließenden Spachteln der Fugen kann der trocken verlegte Estrichboden sofort belastet werden.

***Auf dem sauberen Boden rollt man zunächst eine Lage Bitumenpapier aus.***

***Dann kommt das Verlegen der Platten. Ganz wichtig: Zwischen Wänden und Bodenplatten muß noch ein Spalt bleiben, um so Schallbrücken zu vermeiden.***

***Wer sich perfekt gegen Tritt-Lärm absichern will, sollte sich diesen Aufbau seines neuen Fußbodens leisten: erst eine Lage aus Leichtbetonplatten und dann die Mineralwolle.***

***Zwei dünne Klebestreifen verbinden dauerhaft den umlaufenden Falz.***

***Ein nicht zu unterschätzender Vorteil des Trockenausbaus: Nach dem Anschrauben und Spachteln können die Platten sofort belastet werden.***

# Neues Holz auf alten Böden

***Nur bei unebenem Untergrund muß der alte Teppich raus. Ist der Boden eben, ist eine Verlegung direkt auf den Belag möglich. Wir rissen den alten Teppich in kleinen Stücken raus, was am leichtesten geht. Die wesentlich unangenehmere Arbeit kommt dann: das Abschaben der alten Klebereste. Man kann dazu einen Spachtel benutzen oder aber einen dafür umgerüsteten Schwingschleifer. Ist diese Arbeit geschafft, kann man darangehen, die unebenen Stellen mit einem Spezialspachtel auszugleichen.***

Im Laufe der Jahre hat die gute alte Schlingenware im Wohnzimmer auch manches „Überflüssige“ verschlungen, so daß unbedingt etwas Neues her muß. Doch für die Raumausstattung soll sich diesmal keine dicke Teppichrolle drehen. Wir zeigen Ihnen, wie ansehnlich der Boden mit einem selbstverlegten Fertigparkett wirkt. Zunächst einmal zu den Altlasten. Der vorhandene Teppich mit seinem Schaumrücken muß entfernt werden, weil der Untergrund uneben ist. Da in unserem Beispiel kein Wiederaufnahme-Kleber verwendet wurde, haftet der Schaumstoff hartnäckig am Boden und läßt sich von Hand nur mühsam abspachteln. Hilfreich ist ein Schwingschleifer, an den man ein Spachtelblech anschraubt.

In aller Regel müssen Sie den Boden zum Verlegen eines Parketts erst einmal vorbereiten. In diesem Fall geht es um einen unebenen Alt-Estrich mit einigen Rissen, so daß eine dünne Spachtelschicht als glatter, verlegefertiger Untergrund unumgänglich wird.

Ob man grundieren muß, läßt sich mit dem „Wassertest“ feststellen: Saugt der Estrich etwas Spritzwasser in kurzer Zeit auf, ist eine Grundierung nötig. Ohne diese Schutzmaßnahme kann der Spachtel später nicht richtig durchhärten, weil ihm der durstige Untergrund sofort die Flüssigkeitsanteile entzieht.

Als Grundierung eignet sich z. B. Cere-

***Ob Sie den Dämmstreifen, der den Abstand zwischen Parkett und Wand füllen soll, vor oder nach dem Spachteln anbringen, ist ziemlich gleich; angebracht werden sollte er aber auf jeden Fall. Falls der Untergrund aus stark saugendem Estrich besteht, kommen Sie nicht daran vorbei, ihn zu grundieren, um zu vermeiden, daß der Estrich Feuchtigkeit aus der Spachtelmasse zieht und den Spachtel zu sehr austrocknet. Normalerweise reichen 100 bis 150 ml Grundierung für einen Quadratmeter.***

sit-Tiefgrund lösemittelfrei, der sich als Flüssig-Produkt auf Acrylharz-Basis auch mit einem Besen auftragen läßt. Eine 5-Liter-Kanne reicht bei einmaligem Anstrich für ca. 30 m$^2$.
Bis zu einer Dicke von 10 mm läßt sich der dünnflüssige Nivellierspachtel ausgießen. Sind noch größere Höhenunterschiede zu überwinden, müssen Sie einen speziellen Mörtel verwenden (z. B. Ceresit-Bodenmörtel: bis 50 mm).
Den Spachtel braucht man nur mit Wasser anzurühren. Er läßt sich als selbstverlaufender Estrich denkbar einfach mit einer Glättkelle über den Untergrund verteilen. Obwohl der Spachtel schnellhärtend und nach wenigen Stunden belastbar ist, muß er vor dem Verlegen des Parketts absolut durchgetrocknet sein. Die Faustregel für einen Estrich: Jeder Millimeter braucht einen Tag als Trocknungszeit. Auf jeden Fall sollten Sie die Hinweise des Parkett-Herstellers beachten! Haro schreibt grundsätzlich eine dreiwöchige Wartezeit vor, um auszuschließen, daß sich das Holz durch Bodenfeuchte übermäßig ausdehnt, was zum Reißen führen würde.
Die Schallwellen zum Boden hin blockt eine Rippenpappe oder aber eine 1 m breite Lage aus Kork oder Bitumen ab. Beim Verlegen der Bahnen stumpf aneinanderstoßen lassen.
Schallbrücken zu den Wänden entstehen nicht, da später die Dehnungsfugen

***Wählen Sie für das Ausgleichen der Unebenheiten einen Spachtel, der auch für die notwendige Schichtdicke geeignet ist. Ein muskelschonendes Zusatzgerät: der Rührvorsatz an der Bohrmaschine. Mit ihm läßt sich der Spachtel leicht mit Wasser vermischen.***

von mindestens 10 mm rings um das verlegte Parkett für Abstand sorgen. Man sollte sie durch Dämmstreifen ausfüllen, wie sie auch bei schwimmendem Estrich verwendet werden.

Man beginnt an der dem Fenster gegenüberliegenden Seite und verlegt das Parkett quer zum einfallenden Licht. So lassen sich Fugen später nur schwer erkennen. Besonders wichtig ist der erste Parkettstreifen, denn er dient als Bezugskante und muß genau ausgerichtet sein. Zu den Wänden ringsum halten kleine Keile einen Abstand von mindestens 10 mm, damit genügend Bewegungsspielraum für das Holz vorhanden ist. Die genutete Seite zeigt zur Wand, an der Feder setzen Sie weiter an.

Entgegen mancher Verlege-Praxis empfiehlt Haro bei seinem Fertigparkett, den Leim in die obere Kante der Nut zu geben, so daß beim Zusammenschieben der obere Teil von Nut und Feder verleimt wird. Quillt dabei etwas Leim heraus, muß man ihn sofort mit einem feuchten Lappen entfernen.

Mit einem Hartholz das Parkett anklopfen. Man verlegt im sogenannten ungeregelten Verband (Zeichnung auf Seite 40), der den notwendigen Versatz gewährleistet. Ein weiteres Parkettelement setzen Sie so an: Das Brett so drehen, daß jetzt die Feder zur Wand zeigt, links gegen die Wand anstoßen lassen und die Sägelinie genau oberhalb der darunterliegenden Federkante des

***Der recht flüssige Spachtel verteilt sich nahezu von selbst auf dem Boden, . . .***

***. . . lediglich letzte Unebenheiten müssen mit der Glättkelle ausgeglichen werden. Achtung, immer von der der Tür gegenüberliegenden Wand zur Tür hin arbeiten.***

schon verlegten Elements anzeichnen. Nachdem Sie das Brett mit einer Kapp- oder Stichsäge abgelängt haben, tragen Sie Leim auf und klopfen Nut und Feder zusammen. Der Abstand zur Wand entsteht automatisch, wenn Sie mit dem Parketteisen auch Nut und Feder an den Stirnseiten zusammenschieben.

Für Niveau-Unterschiede zu benachbarten Räumen gibt es spezielle Profilschienen, die man aufschrauben kann.

Für das Fertigparkett eignen sich vor allem gebeizte Ramin-Leisten, weil das Holz den passenden Farbton besonders gleichmäßig aufnimmt. Die Fußleisten nageln Sie mit kleinen Stiften an. Mit einer Kappsäge lassen sich die Gehrungsschnitte am besten ausführen.

Das Parkett ist bereits mit Acrylharz fertig versiegelt, braucht also keine weitere Behandlung und ist obendrein sofort belastbar. Möbel können also theoretisch bei einem ebenen Boden im Zimmer bleiben und lassen sich direkt auf die fertig verlegte Fläche umsetzen. Soll ein schöner Perser einen Ehrenplatz auf dem glänzenden Untergrund erhalten, muß die kostbare Knüpfung rutschsicher liegen, denn umherfliegende Teppiche sollten besser nur im Märchen vorkommen.

***Eine fertige Schicht, bestehend aus Pappe, Kork und Gummi, rollt man in Bahnen als Trittschallschutz auf dem Untergrund aus.***

***Das erste Brett wird ausgerichtet. Keile sorgen für den nötigen Abstand zur Wand. Dieser Anfang der Parkettarbeiten ist sehr wichtig, weil der erste Parkettstreifen Bezugskante für alle nachfolgenden ist und daher genau richtig liegen muß.***

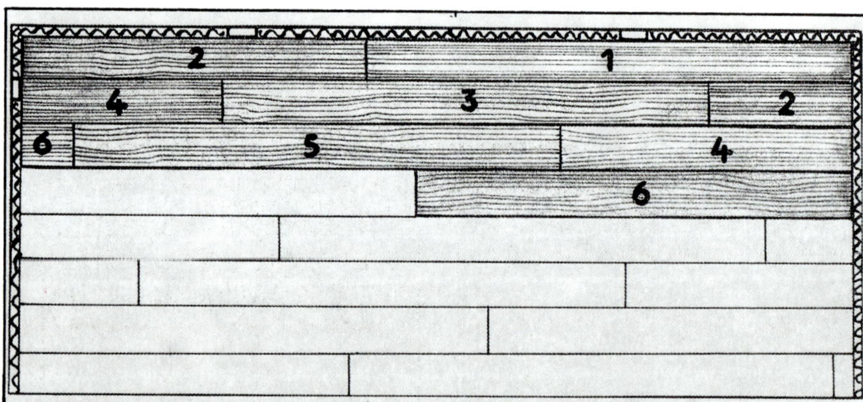


***Die Elemente lassen sich im ungeregelten Verband ohne Verschnitt verlegen. Beim Schiffsboden-Muster, das hier ausgesucht wurde, sind die Ansätze ohnehin kaum erkennbar. Natürlich werden die verschiedensten Parkettmuster angeboten, und auch ausgefallene Holzboden-Wünsche dürften mit Fertigparkett erfüllt werden können.***

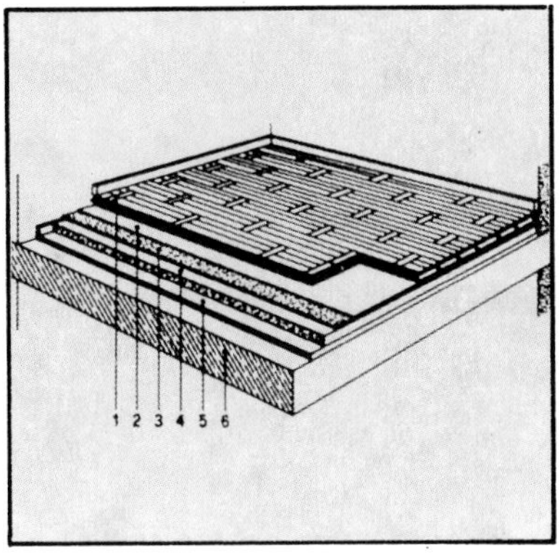

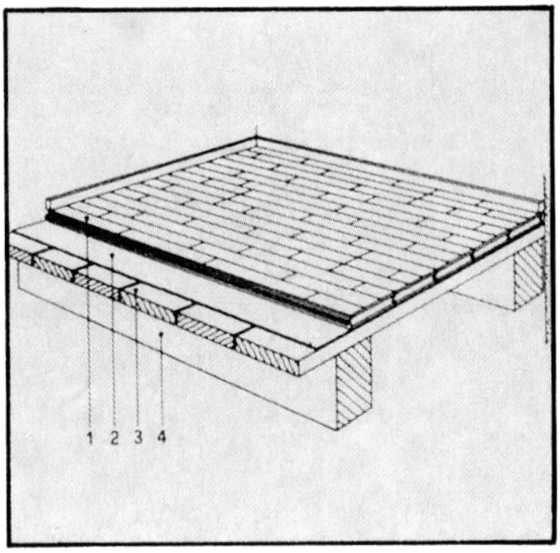

***Untergrund für Fertigparkett***
Auf *Keramik- oder Teppichböden:* Verlegung bei ebenem Boden direkt auf dem Belag möglich. Die Ziffern: 1 Fertigparkett (hier Flechtmuster), 2 Rippenpappe, 3 PVC-, Teppich- oder Keramikboden, 4 Estrich, 5 Dämmung, 6 Beton.

Auf *alten Dielenböden:* Die (ebenen) Dielen mit Schlagschraubern nachnageln, damit sie später nicht knarren. Für eine Hinterlüftung sorgen. Die Ziffern: 1 Fertigparkett (hier Schiffsboden), 2 Rippenpappe, 3 Dielenboden, 4 Balken.

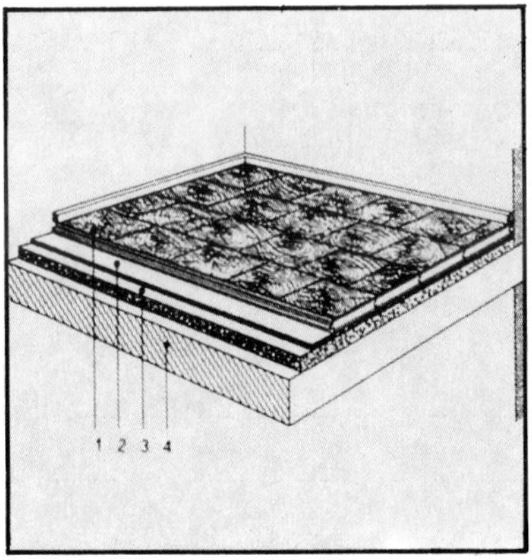

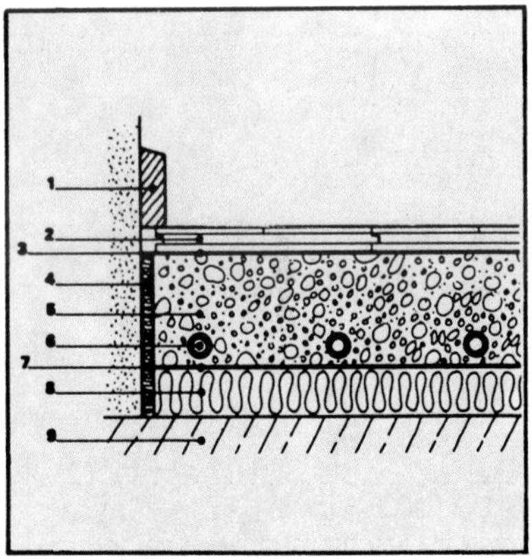

Auf *Trockenschüttung:* Ein Höhenausgleich läßt sich auch durch eine Schüttung erreichen. Die Ziffern: 1 Fertigparkett (hier Holzpflaster), 2 Weichfaserdämmplatte, 3 Schüttung, 4 Rohbetondecke oder unebener Dielenboden.

Auf *Fußbodenheizung:* Hier müssen genaue Hinweise vom Parkett-Hersteller beachtet werden. Die Ziffern: 1 Fußleiste, 2 Fertigparkett, 3 Rippenpappe, 4 Randdämmstreifen, 5 Estrich, 6 Heizrohr, 7 PE-Folie, 8 Wärmedämmung, 9 Betondecke.

Die Firma Haro empfiehlt, den Leim nur in den oberen Teil der Nut zu geben. Wichtig: Leim, der auf die Parkettoberfläche gelangt, muß sofort mit einem feuchten Lappen abgewischt werden, denn das Parkett ist bereits komplett behandelt, einschließlich Versiegelung.

Jedes Brett wird nach der Leimangabe einzeln mit einer Zulage aus Hartholz und vorsichtigen Hammerschlägen an seinen endgültigen Platz gebracht.

Das Ablängen der einzelnen Bretter muß natürlich sehr sorgfältig geschehen. Unser Foto zeigt das richtige Anreißen. Das neue Brett wird gedreht und die richtige Länge oberhalb der Feder markiert. Dann schneidet man das Brett mit der Kapp- oder Stichsäge rechtwinklig ab. Achten Sie auf saubere Schnitte mit sehr scharfem Sägeblatt, damit das Holz nicht ausreißt.

*Mit dem Zugeisen und vorsichtigen Hammerschlägen fügen Sie auf der Stirnseite Nut und Feder zusammen.*

*Besonders knifflige Stellen erfordern auch besonders sorgfältiges Arbeiten. Hier soll ein Stück des Türstocks entfernt werden, damit das Parkett darunter verlegt werden kann. Ein Parkettabschnitt dient zusammen mit einem Stück vom Trittschallschutz als Hilfe beim Anreißen bzw. direkt beim Abschneiden des Türrahmens.*

***Das Parkett ist verlegt, jetzt kommen die passenden Fußleisten an die Reihe. Die Leisten gibt es im entsprechenden Farbton und Material für die unterschiedlichen Parkettypen. Sie werden in den Ecken auf Gehrung geschnitten und mit kleinen Stiften angeheftet. Damit liegt das neue Holz auf altem Boden, und das gleich fix und fertig, denn ein Versiegeln ist nicht mehr erforderlich. Am Anfang werden Sie vielleicht das Holz „pur" genießen wollen; wenn dann der Zeitpunkt gekommen ist, doch wieder den „Perser" zu Ehren kommen zu lassen, sollten Sie daran denken, sicherheitshalber eine Anti-Rutschmatte zwischen Teppich und Parkett zu legen.***

# Warum nicht den Boden verkorken?

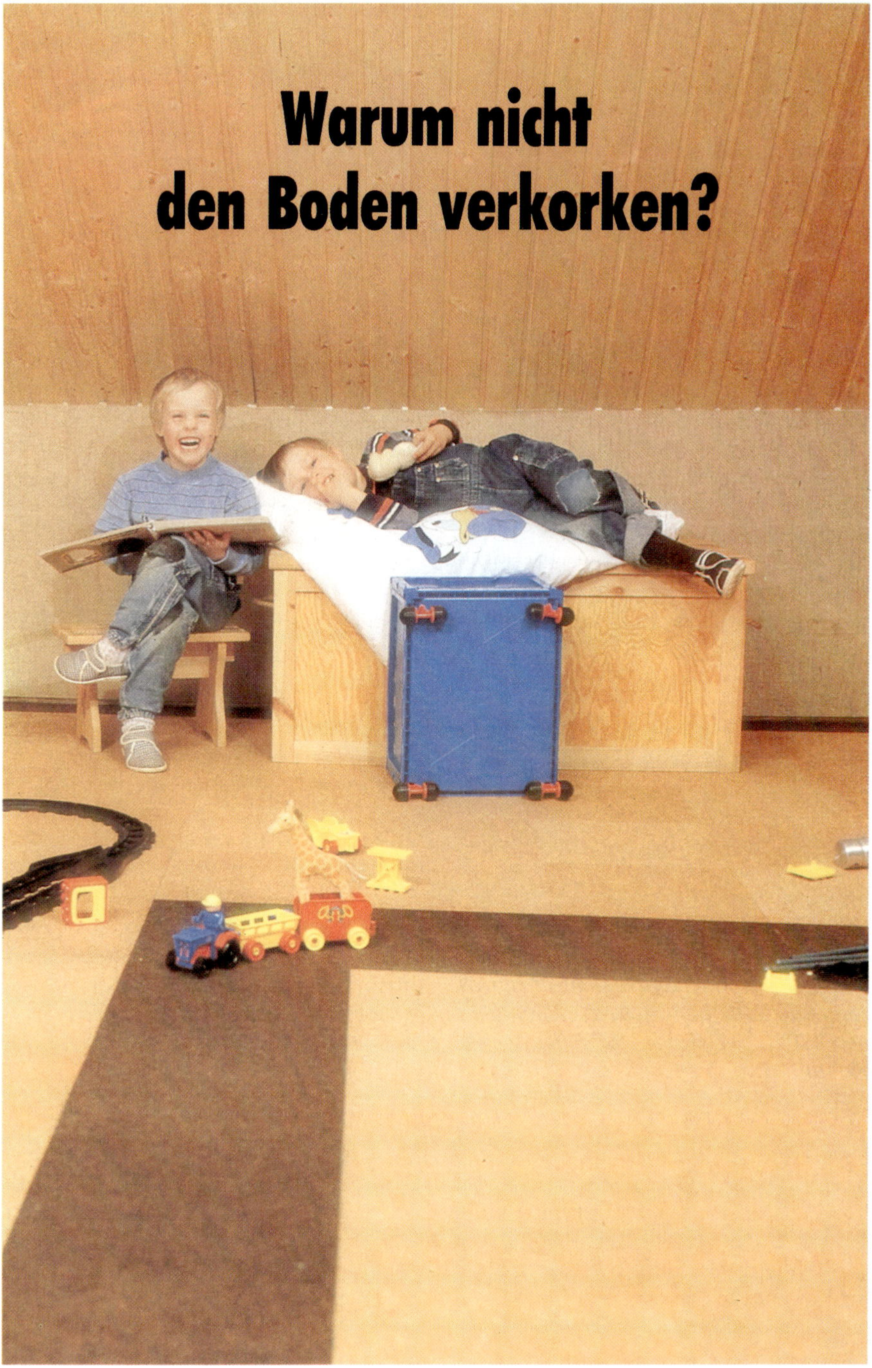

***Der Untergrund muß eben, trocken und fest sein. Herausragende oder vorstehende Teile und Stellen müssen plan geschliffen werden. Übrigens: Bevor Sie mit dem Verlegen der Preßkork-Parkettplatten beginnen, sollten Sie sie mindestens 24 Stunden in ihrer neuen Umgebung lagern, damit sie sich „akklimatisieren" können.***

Jan und Sonja haben in ihrem neuen Kinderzimmer mit Vergnügen Fuß gefaßt: Der Korkboden ist warm und elastisch, ein idealer Belag zum Spielen. Weitere Vorteile: Die Korkplatten schlucken auch einen Teil des Schalls und sind bei Beschädigungen leicht auszuwechseln.

Ebenso leicht werden die Platten verlegt. Einzige Bedingung: Der Untergrund sollte trocken, glatt und staubfrei sein. Eventuelle Risse oder Unebenheiten müssen vorher mit Ausgleichsmasse aufgefüllt werden. Danach kleben Sie die Platten auf. Wer „biologisch" leben will, der nimmt dazu Naturkleber. Die-

***Zweiter Schritt der Vorarbeiten: Der Boden wird sorgfältig gespachtelt, um Risse zu füllen beziehungsweise auszugleichen. Danach kann eine Naturharzöl-Imprägnierung sandende Flächen festigen und den Boden gleichzeitig saugfähig machen. Erst wenn diese Vorarbeiten abgeschlossen sind, kann das eigentliche Verlegen der Platten erfolgen.***

ser erfordert oft jedoch mehr Sorgfalt beim Arbeiten: beim Anmischen (Herstellerhinweise beachten) wie beim Abbinden. In unserem Beispiel durfte das Korkparkett drei Tage lang nicht betreten werden. Nur wenn sich eine Platte hochbiegt („Schüsseln"), legen Sie Ziegelsteine oder Sandsäcke auf.

Unbehandelte Korkflächen werden zum guten Schluß noch mit Fußbodenlack versiegelt. Naturfreunde verwenden Naturöl-Imprägniergrund und Wachsbalsam. Bei vorbehandelten Platten reicht Hartwachs.

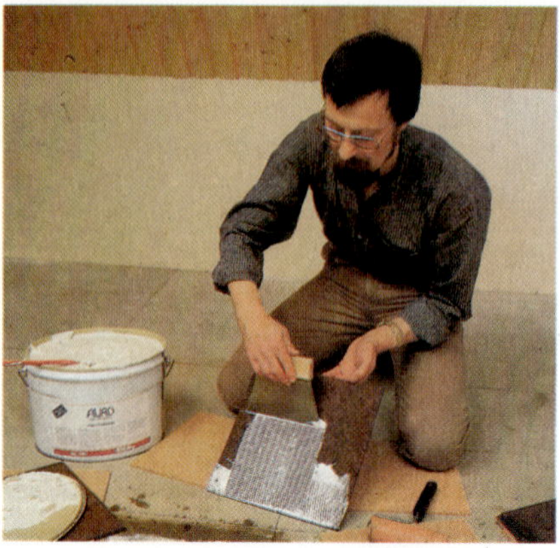

*Mit dem Zahnspachtel (Dreieckszahnung) wird der Kleber aufgetragen. Eins gilt für alle nun folgenden Arbeiten: Kleberspritzer und herausquellenden Kleber sofort mit einem feuchten Lappen wegwischen.*

*Mit der Gummirolle werden die Platten von der Mitte aus zu den Rändern auf den Boden „gewalzt“. Die Plattenränder werden zusätzlich noch mit der Fugenrolle angedrückt.*

*Das Verlegen der Platten beginnt im Zimmer-Mittelpunkt. Von dort aus legt man die Platten im Kreuz an den Grundlinien entlang aus.*

*Das ideale Hilfsmittel, wenn es knifflig wird: ein Bogen Papier in Plattengröße. Das Papier läßt sich ausgezeichnet als Schablone benutzen.*

# Rolladengurt-Erneuerung

Da müssen Sie schon einige Male zugegriffen haben, bis sich der Rolladengurt so abgenutzt zeigt wie auf unserem Foto. Keine Frage, daß spätestens jetzt die Zeit für einen Ersatz gekommen ist. Doch wie wird der Gurt ausgetauscht? Die Spule ist schnell aus dem Kasten in der Wand herausgeholt: Lediglich zwei Schrauben müssen gelöst werden. Doch das andere Ende verschwindet oben im Rolladenkasten. Nur selten läßt sich aber dort der Revisionsdeckel ohne Schwierigkeiten abnehmen. Meist bedeutet dies das Ende der Tapete, oder im Badezimmer könnte der Kasten gefliest sein, so daß man gar nicht an die Deckelschrauben herankommt.

Alle diese Probleme stellen sich nicht, wenn Sie mit einem Reparatur-Set den Gurt nur auf halber Länge erneuern und den Kasten ganz außer acht lassen. Sie besorgen sich den „Gurt-Fix" in der entsprechenden Breite von 14, 18 oder 23 mm im Baumarkt (Liefernachweis: A. Schellenberg, Sohlbacher Str. 145, 5900 Siegen).

Den Gurt über der Schadstelle waagerecht ca. 5 mm lang schlitzen. Der neue Gurt besitzt einen Blechstreifen mit Lasche, die in den alten Gurt eingesteckt, umgebogen und für eine zugfeste Verbindung vernietet wird. Anschließend das verschlissene Teil abtrennen und den Übergang vom alten zum neuen Gurt mit einem Gewebestreifen überkleben.

Entsprechend der Länge des abgeschnittenen Gurtes wickeln Sie vom neuen Band auf die Spule und setzen die Rolle wieder in die Wand ein.

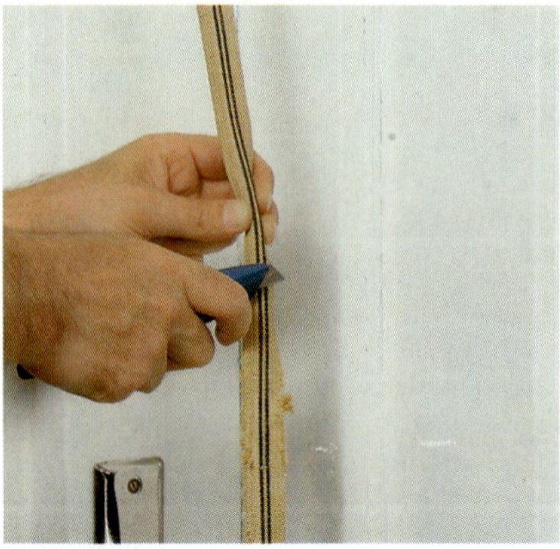

***Zunächst wird der Gurt oberhalb der Schadstelle ca. 5 mm breit geschlitzt. Danach steckt man die Blechlasche des Reparatur-Sets durch und biegt sie um.***

***Anschließend nietet man die Lasche mit zwei Hämmern fest an den alten Gurt.***

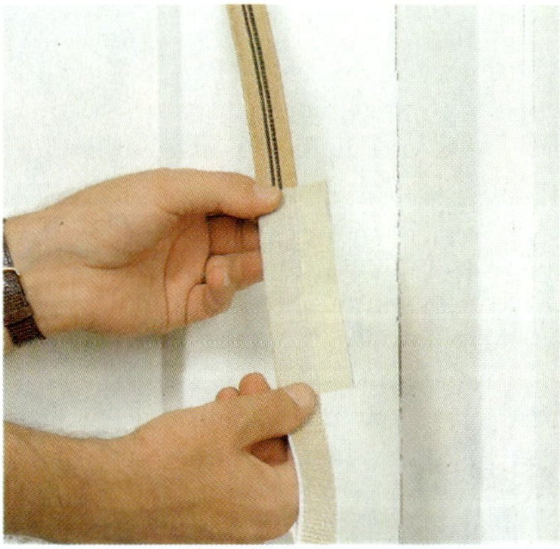

***Den verschlissenen Teil des Gurtes trennt man jetzt ab und überklebt den Übergang vom alten zum neuen Gurt mit einem Gewebestreifen. Dabei ist darauf zu achten, daß beide Bänder gleich breit sind.***

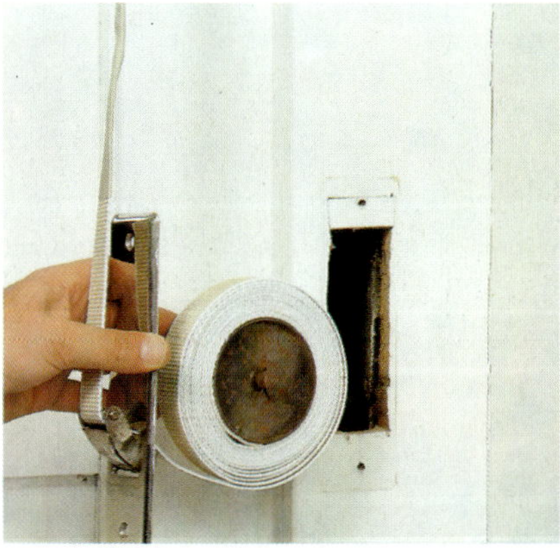

***Die Spule nimmt in der Regel nur eine begrenzte Gurtlänge auf. Daher darf man nicht zuviel von dem neuen Gurt auf die Rolle wickeln, damit sie noch in den Mauerkasten paßt.***

# Kampf dem Schimmelpilz

Schimmelbefall ist immer dann zu beobachten, wenn eine Wand ständig feucht ist, wie zum Beispiel häufig im Badezimmer. Um hier Abhilfe zu schaffen, muß man – in der Manier eines guten Mediziners – in zwei Richtungen vorgehen: zunächst das Symptom bekämpfen und anschließend der Ursache zu Leibe rücken.

Symptombekämpfung heißt, die befallenen Wandflächen gründlich reinigen, mit einer Pilzgiftlösung behandeln und zum Schluß mit einer Feuchtraumfarbe streichen. Bei sandenden Putzoberflächen sollte vor dem Neuanstrich ein Tiefgrund aufgetragen werden.

Eine wirklich dauerhafte Problemlösung muß nun weiterhin verhindern, daß die betreffenden Wandbereiche ständig feucht sind. Die Wand darf nicht mehr so kalt sein, daß die Luftfeuchtigkeit an ihrer Oberfläche kondensiert. Dies geht über eine Erhöhung der Raumtemperatur oder häufigeres Lüften. Die Folge sind dann aber höhere Heizkosten und bei Schlafräumen ein ungesundes Raumklima. Wesentlich wirkungsvoller, angenehmer und langfristig kostengünstiger ist es, dem Haus rundum eine hochwertige Wärmedämmung zu verpassen. Dann wird das Mauerwerk viel wärmer, und die Gefahr der Kondenswasserbildung ist gebannt. Außerdem senken sich die Heizkosten.

***Die vom Schimmelpilz befallenen Flächen müssen vor einem Neuanstrich erst einmal gründlich gereinigt werden: mit Spülmittel, einer Wurzelbürste und viel Wasser. Bevor es dann weitergehen kann, muß die Wand gut abtrocknen.***

***Jetzt wird die Ecke zweimal mit Capatox-Pilzgift behandelt. Dieses Produkt verdünnt man im Verhältnis von 1:10 mit Wasser. Nach dem Auftrag kommt wieder eine Trockenpause. Ist der Putz nicht mehr ausreichend tragfähig, muß nun ein Tiefgrund aufgetragen werden.***

***Und nun kommt der neue Anstrich mit einer Feuchtraumfarbe, die wie üblich mit einer Lammfellrolle aufgebracht wird. Auf der nächsten Seite finden Sie weitere Informationen über feuchte Wände und die Gegenmittel.***

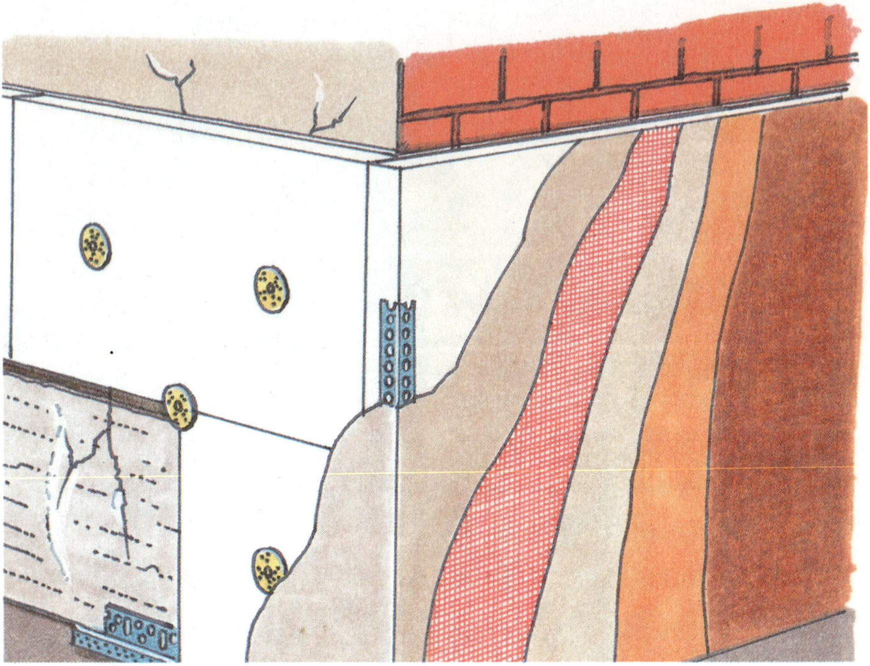

*Feuchte Wände sind in der Regel kalte Wände. Die Wandoberfläche ist so kalt, daß die Luftfeuchtigkeit wie an einer kalten Fensterscheibe kondensiert. Wenn die betreffenden Wandbereiche dann noch unzureichend belüftet werden, bleibt ein Schimmelbefall nicht aus. Solche Mängel können selbst bei relativ neuen Häusern auftreten. Gründliche Abhilfe schafft hier nur eine durchgehende Außendämmung. Die gesamte Bausubstanz wird dann bedeutend wärmer, und der sogenannte Taupunkt – das ist die Stelle, an der ins Mauerwerk eingewanderter Wasserdampf kondensiert – liegt tief im Innern der Wand, ist also ungefährlich. Hat die Fassade des Hauses ohnehin Mängel, empfiehlt sich eine Außendämmung mit Hartschaumplatten und Edelputz. Unsere Zeichnung zeigt den Aufbau des Capatect-Systems. Spezialkleber und Spreizdübel halten die Platten. Darauf Kleber mit Gewebematte. Und zuletzt ein Edelputz.*

# Energie sparen mit Thermostat

***Für den Austausch der Ventile gibt es alle Teile und die unterschiedlichsten Fabrikate im Fachhandel. Doch bevor Sie mit der eigentlichen Arbeit beginnen können, muß das Rohrleitungsnetz entleert werden.***

Mieter wissen es längst zu schätzen: Bei ihnen sind Thermostat-Ventile laut Vorschrift an jedem Heizkörper vorhanden und halten eingestellte Raumtemperaturen konstant, ohne daß man sich darum kümmern muß. Doch bei Hauseigentümern, die einen Altbau bewohnen, ist das oft nicht so. Hier wird immer noch versucht, die Wärmeabgabe mit Handventilen zu dosieren, ohne zu wissen, daß dabei eine Menge Energie verschwendet wird.

Für den Einbau von Thermostat-Ventilen sprechen jedoch handfeste Vorteile: Erstens spart man durch die permanente Kontrolle der Wärmezufuhr am Heizkörper eine Menge Geld, und zweitens werden bei der Raumregelung auch andere Wärmequellen wie etwa die hereinscheinende Sonne oder ein Kaminfeuer berücksichtigt.

Wenn Sie noch zu den „Handradlern" gehören und glauben, eine Umrüstung sei zu kompliziert, demonstrieren wir Ihnen hier das Gegenteil. Bevor Sie Hand anlegen, sollten Sie mit einem Installateur, bei dem Sie auch alle erforderlichen Teile erhalten, die Heizungsanlage inspizieren. Er weiß, ob das Ventil getauscht werden muß oder ob der Hersteller nicht etwa einen Nachrüstsatz für einen Thermostaten anbie-

***Dazu öffnen Sie den Füll- oder Ablaßhahn im Heizungskeller und leiten das Wasser in den Abfluß. Fließen wird es aber nur, wenn Luft nachströmen kann. Daher muß eine Entlüfterschraube am Heizkörper geöffnet werden (Foto).***

tet. Dann ließe sich das Entleeren des Rohrnetzes und damit ein Großteil der Arbeit sparen, weil natürlich auch anschließend das langwierige Befüllen und Entlüften der Anlage entfällt.
Steht der Wechsel des Ventils an, kann Ihnen der Fachmann auch sagen, ob die Verschraubung mit der Überwurfmutter im Heizkörper verbleiben kann. Sie muß nämlich nur dann getauscht werden, wenn der konische Metallring nicht aufs neue Ventil paßt.
Nach dem Einbau des neuen Ventils schrauben Sie den Thermostat-Kopf von Hand auf. Auf welche Ziffer Sie den Regler stellen müssen, um die gewünschte Raumtemperatur zu erhalten, ermitteln Sie später durch Erfahrungswerte.
Statt des mechanischen Reglers läßt sich auch die programmierbare Raumtronik von Centra aufstecken. Das Batteriegerät macht energiesparendes und zugleich komfortables Heizen möglich. Wenn Sie einen Raum z. B. nicht tagsüber, sondern erst nach Feierabend nutzen, schaltet sich die Heizung erst zu einer von Ihnen programmierten Zeit ein.

***Jetzt wird die Überwurfmutter vom Heizkörper gelöst. Danach kann man die Heizung vorsichtig um einige Zentimeter . . .***

***. . . nach vorn kippen, damit genügend Platz vorhanden ist, um das alte Ventil von der Zulaufleitung abdrehen zu können.***

***Die alte Verschraubung am Heizkörper sollte ausgetauscht werden, wenn die konische Dichtung nicht exakt paßt.***

***Neues Ventil aufs Rohr schrauben (mit Hanf abdichten) und die Heizung anschließen. Danach muß wieder Wasser auf die Heizung – und die Energiesparmaßnahme ist für Jahre erledigt.***

# Akku statt Batterie

***Ein Berg von über 3000 Batterien entspricht einem Akkusatz, der im Ladegerät wieder fit gemacht wird.***

Traurig, aber wahr: Wie viele Leute mögen schon, mit schlechtem Gewissen und sozusagen heimlich, eine Handvoll leerer Batterien einfach in den Abfall geworfen haben? Weil man nicht weiß, ob die Dinger nun als Sonder- oder als Hausmüll gelten? Weil die Sammelstelle weit weg ist und sich der Weg für das bißchen doch nicht lohnt? Und weil man immer wieder meint, auf diese Kleinigkeit käme es schließlich nicht an? Dabei ist klar, daß es gerade darauf doch ankommt; weil sich nämlich derlei „Kleinigkeiten“ summieren, alles in allem allein in Europa zu einem Berg von mehr als vier Milliarden unbrauchbarer Batterien – pro Jahr. Selbst wer umweltbewußt auf neue, weniger schädliche Produkte umgestiegen ist, trägt zwar zur Reduzierung der Gifte, gleichzeitig aber auch zur Vergrößerung der Müllberge bei. Um eine herkömmliche quecksilberhaltige Batterie zu ersetzen, sind zur Zeit noch mehrere „grüne“ Zellen nötig. Deshalb unser Vorschlag: Prüfen Sie doch einmal, ob es sich für Sie lohnt, ein Ladegerät anzuschaffen und in Zukunft Akkus zu benutzen. Man bekommt diese Stromspeicher (manchmal unter dem irreführenden Namen „aufladbare Batterien“) in allen gängigen Formaten und mithin für alle Zwecke, für die Sie bisher Batterien benutzt haben. Ob die Investition rein rechnerisch sinnvoll ist, hängt von Ihrem Bedarf ab: Wo nur alle zwei Jahre mal eine frische Babyzelle für die Küchenuhr nötig ist, dürften sich die Kosten von gut 20 Mark fürs Gerät und etwa 10 Mark für den passenden Akku kaum rentieren. Falls Sie aber eifriger Walkman-Hörer oder Hobbyfilmer sind und alle paar Tage einen Satz Mignon brauchen, gibt's gar nichts zu überlegen. Selbst wenn man nur einen Batteriewechsel pro Monat zugrundelegt, amortisiert sich ein Ladegerät schnell, wie unsere Grafik zeigt. Schon im ersten Jahr sparen Sie etwa 30 Mark.

Bis zu tausendmal lassen sich die NiCd-

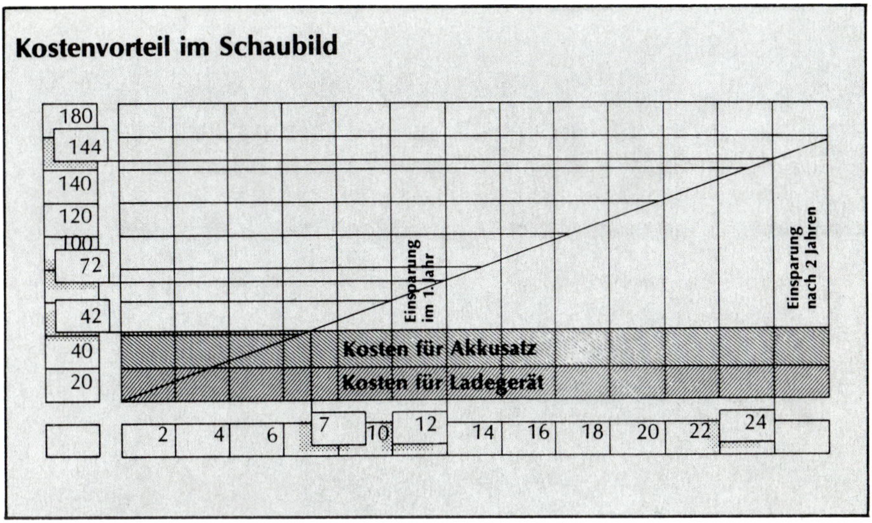


***Aus der Grafik werden die zunehmenden Einsparungen deutlich, die ein Ladegerät im Laufe der Jahre bringt.***

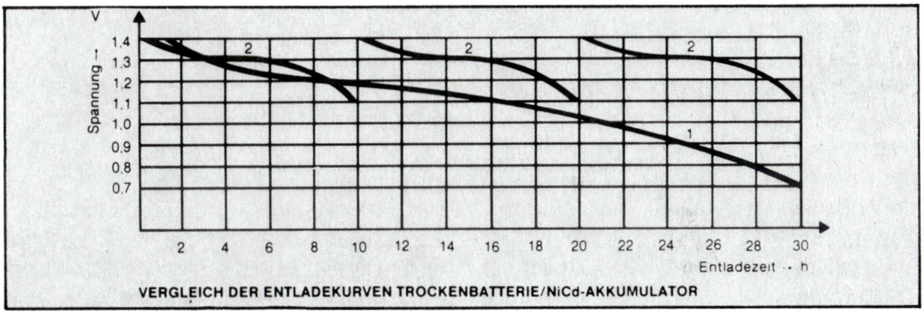

***Dem Energieverbrauch einer Batterie (Kurve 1) entsprechen etwa drei Ladezyklen des Akkus (Kurve 2). Bei durchschnittlich 1000 möglichen Ladungen kann ein einziger Nickel-Cadmium-Speicher also gut 300 Wegwerf-Elemente ersetzen.***
***Kapazitätsunterschiede bei äußerlich gleichen Akkus sind nur am Kleingedruckten zu erkennen – und am Preis. Das Speichervolumen von 400 mA ist mit 21 Mark fast doppelt so teuer wie das von 120 mA.***

***Bei Universal-Ladegeräten lassen sich die Minuskontakte auf alle gängigen Speicherformen einstellen.***

Akkus aufladen. Allerdings ist der Griff ins Batteriefach hier öfter nötig als bei den herkömmlichen Zellen: Der Arbeitszeit und Energie einer Batterie entsprechen durchschnittlich drei Füllungen. Zudem sind die Akkus recht anfällig gegen die sogenannte Selbstentladung. Abhängig von der Umgebungstemperatur kann die Power nach drei bis sechs Monaten dahin sein, ohne daß sie irgend etwas in Gang gesetzt hätte – ein Grund mehr, Akkus nicht in der Küchenuhr, sondern vor allem dort einzusetzen, wo in relativ kurzer Zeit ziemlich viel Strom gebraucht wird.

Gut und schön, aber spricht nicht gegen die Akkus genau dasselbe wie gegen Batterien? Schließlich sind Nickel und Cadmium für die Umwelt wohl kaum gesünder als Quecksilber. Außerdem gibt es laut Herstellerangaben in immerhin zwei Dritteln der hierzulande verbrauchten Batterien nur noch minimale Quecksilber-Anteile. Das mag sein. Dennoch: Solange Batterien – unabhängig von den Inhaltsstoffen – „endgelagert“ oder verbrannt werden, sind Risiken nicht ausgeschlossen.

Verbrauchte NiCd-Akkus dagegen fallen unter die Recycling-Regel: Industrie und Handel sind verpflichtet, sie zurückzunehmen und an Firmen weiterzuleiten, die sich auf die wirtschaftlich lohnende Rückgewinnung der wertvollen Rohstoffe Nickel und Cadmium verlegt haben. Also bitte: Geben Sie alle Batterien vorsichtshalber in den Sondermüll, Akkus dagegen zurück zum Händler.

# Wenn Wasser eigene Wege fließt

***Das „Erste-Hilfe-Set" für die heimischen Wasserleitungen ist nicht sehr umfangreich, erfüllt aber vollkommen seinen Zweck.***

In vielen Heimatliedern singt man vom lauschigen Plätzchen, „wo der Wildbach rauscht . . ." Eine solche Geräuschkulisse sollte einen dagegen eher mißtrauisch machen, wenn sie rund ums Haus zu vernehmen ist. So war auch das verräterische Rauschen der „neuen Quelle" bei unserem Außenanschluß zum Glück so laut, daß sie gleich entdeckt wurde. Der Frost hatte der ungeschützten Leitung dicke Backen beschert, weil vergessen wurde, sie vor dem Winter abzusperren und zu entleeren.

Dieses Malheur kann man gut selbst beheben: Zunächst die Leitung entleeren und das geborstene Stück mit der Säge oder dem Rohrschneider entfernen. Dann die Schnittstelle innen und außen mit einer Halbrundfeile entgraten und im Steckbereich der Lötmuffe sorgfältig blank schleifen. Das Lot muß sich nämlich in der Muffe gleichmäßig verteilen und verläuft bei einer Oxydschicht nicht richtig.

Wichtig ist der Unterschied zwischen Weichlöten (bis 450° C Schmelztemperatur) und Hartlöten. Da es sich hier um eine Kaltwasserleitung handelt, reicht die Abdichtung mit Weichlot.

***Der Frost dehnt das Wasser im Rohr aus und sprengt es irgendwann. Jetzt muß die Reparatur durchgeführt werden. Schnell ist die Leitung mit Eisensäge oder Rohrschneider abgelängt. Danach werden Muffe und Rohr sorgfältig entgratet.***

Dazu die blanken Muffen und Rohrenden vorher mit Lötfett einstreichen, das Rohr ringsum gleichmäßig erwärmen und das Lötzinn ohne Flamme zugeben, bis es butterweich in die Muffe läuft und sie bis zum Rand füllt.

Handelt es sich um eine Warmwasserleitung, wird grundsätzlich hartgelötet. Je nach Ausführung verläuft hier der dünne Stab aus Kupfer- oder Silberlot bei etwa 750° C. Ein Kupferrohr muß dafür schon kirschrot werden. Bevor Sie das Lot zugeben, die Flamme zur Seite nehmen, sonst könnte das Lot verbrennen. Selbst vor einem großen Kartuschen-Brenner erröten nur Rohre bis etwa ∅ 15 mm. Bei größeren Durchmessern ist die Wärmeleitung des Kupfers so groß, daß ein Schweißgerät her muß.

Und jetzt noch zwei Möglichkeiten, wie Sie einen Wasserhahn abdichten. Schwachpunkt Nr. 1: die Dichtung am Griff. Dafür die Hülsenschraube für die Stopfbuchse losschrauben und eine dünne Wicklung aus Teflonband oder gefettetem Hanf um die Spindel legen. Die Schraube nicht zu fest anziehen.

Tropft es unten aus dem Hahn heraus, liegt es meist an der verschlissenen Gummischeibe am Ventilsitz.

*Die Muffe muß rundum gleichmäßig erwärmt werden, andernfalls verläuft . . .*

*. . . das Lot nicht gleichmäßig, und es kommt dann schnell zu einer „kalten" Lötstelle.*

*Beim Austausch der Ventildichtung die Spindel mit Spezialfett gängig machen.*

*Die Stopfbuchse umwickeln Sie am besten mit einer dünnen Lage aus Hanf oder mit Teflonband. Übrigens: Falls Sie an solchen Verbindungsstellen Schwierigkeiten haben, sollten Sie sich ruhig an die bewährten Hanfdichtungen erinnern.*

# Das Abflußrohr leckt – was tun?

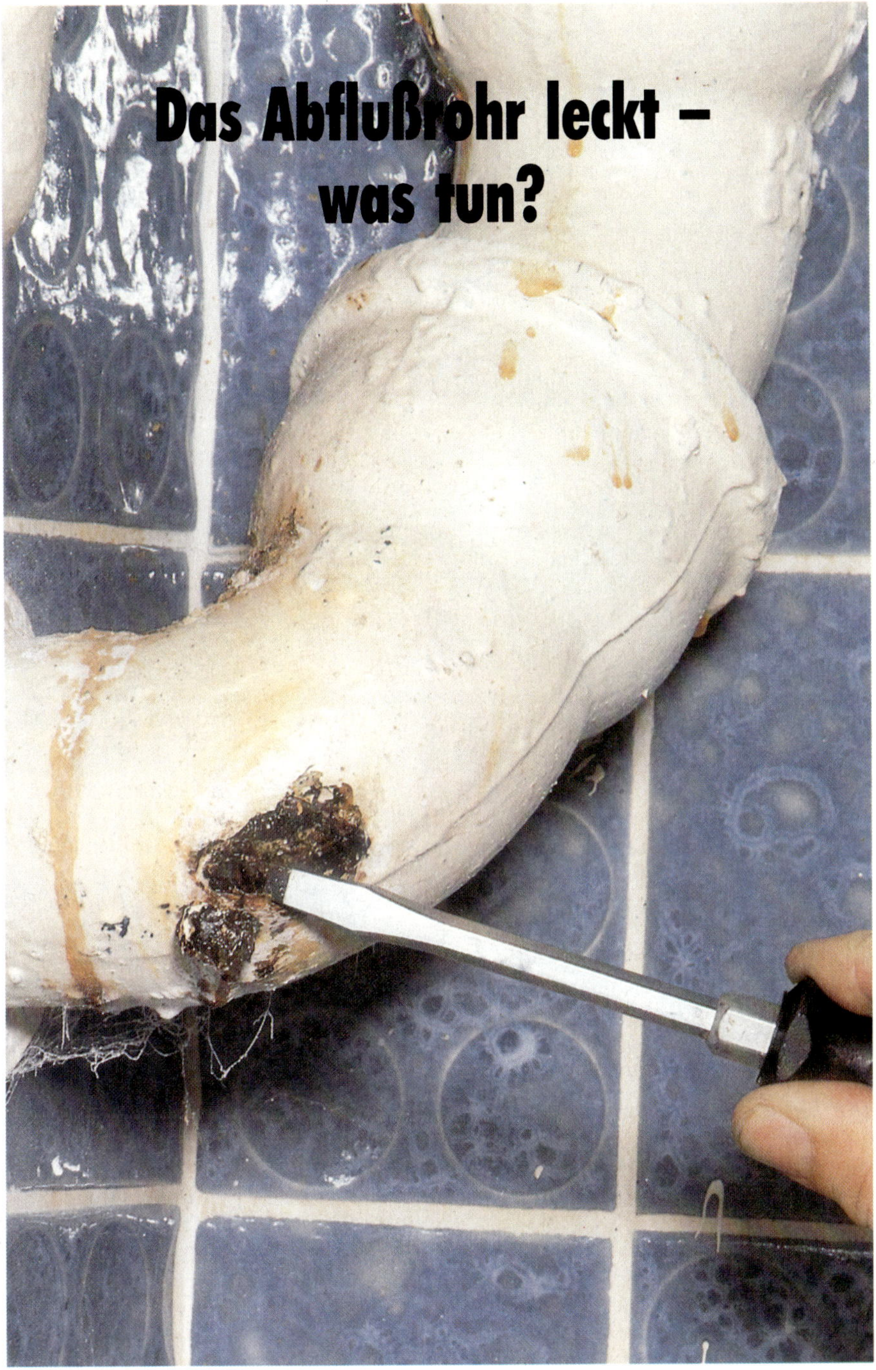

***Zunächst muß das alte Gußrohr raus. Also ist zuerst der Zement mit Hammer und einem alten Schraubendreher aus den Muffen zu klopfen. Falls sich das Rohr immer noch nicht entfernen läßt, helfen nur Winkelschleifer oder Hammer.***

Mit einem kleinen braunen Tropfen fing die Geschichte an. Nicht, daß es sich um ein edles Tröpfchen gehandelt hätte – im Gegenteil: Was da aus dem Rohr tropfte, bestand nicht aus erlesenen Kräutern, die den Magen aufräumen, sondern war eine Mischung aus Rost und Dreck. Sie ahnen sicher schon, daß jetzt eine Schmuddelgeschichte folgt.

Sie sollte dennoch „erzählt“ werden, weil ein Heimwerker in seinem Haus auch irgendwann mit Schäden an den Abflußrohren konfrontiert wird. Hier geht es um einen gußeisernen Krümmer einer Küchen-Abwasserleitung, der schon nach 25 Jahren einen Schaden aufwies, obwohl er sonst doppelt so lange hält. Das Leck konnte sich entwickeln, weil an dieser Stelle schon bei der Fertigung ein kleiner Hohlraum im Guß (Lunker) vorhanden war.

Hier kann man nur das komplette Teil austauschen. Im Handel gibt es Muffenrohre allerdings nur noch aus Kunststoff, doch damit sollte eine solide und geräuscharme Gußleitung nicht repariert werden. Vielmehr kann man beim Grauguß bleiben und sich die Vorzüge der neuen, muffenlosen SML-Rohre

***Danach werden beide Enden der alten Leitung gesäubert. Die Größe der Muffenrohre (nach DIN) ist auf den alten Rohren vermerkt. Hier kommt zu den erneuerten Bögen noch ein Paßstück, das in die Muffe gesteckt wird.***

zunutze machen. Der Vorteil, vor allem bei einer Reparatur: Man muß sie nicht mühsam in die vorhandenen Rohrenden einstecken, sondern trennt die Leitung auf und setzt sie einfach stumpf dazwischen.

Vorher aber ermitteln Sie die Nennweite des Muffenrohres, damit Sie ein SML-Rohr gleicher Größe im Baustoffhandel oder beim Installateur kaufen können. Bei einem DIN-Bogen ist auch die Gradzahl der Krümmung angegeben.

Die Demontage des alten Rohres beginnt mit dem Lockern des Schwefelzements, mit dem die Muffe abgedichtet ist. Darunter verbirgt sich noch eine Wicklung aus Hanf. Sitzt das Alt-Teil danach noch nicht locker genug, um es herauszunehmen, kann man es mit einem Winkelschleifer auftrennen oder einfach zerschlagen.

Zum Spitzende hin mit einer Spannschelle abdichten. Der Anschluß in der Wand gelingt auch trotz Muffe: Man braucht nur ein SML-Rohr mit einer Mengering-Doppeldichtung einzusetzen und bekommt damit ein Spitzende, auf das dann wiederum eine Spannschelle paßt.

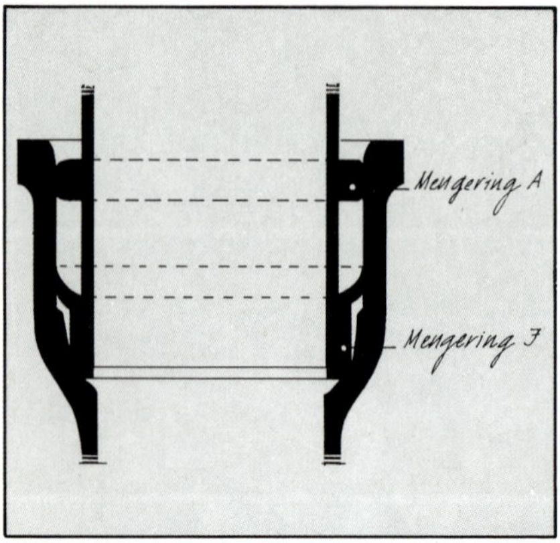


**Das Paßstück setzt man mit einer Mengering-Doppeldichtung in die Muffe ein. Die Gummidichtung besteht aus zwei Teilen: Das eine umschließt das Spitzende, das andere schließt den Kragen der Muffe ab.**

**Der muffenlose SML-Bogen mit seinen beiden Spannschellen läßt sich leicht zwischen die Enden der alten Rohre setzen.**

**Wenn die Schelle fest angezogen ist, dichtet die darunterliegende Manschette beide SML-Rohre sicher ab.**

**Informationen und technische Ratschläge zur Verwendung von muffenlosen SML-Rohren erteilt: Abflußkontor, Postfach 29 01 23, 5000 Köln 1.**

# Wirkungsvolle Wärmedämmung

***Durch solche Wände geht viel kostbare Heizenergie verloren. Daher empfiehlt sich eine nachträgliche Dämmung. Mit vergleichsweise einfachen und auf Dauer gesehen sich auszahlenden Mitteln läßt sich hier leicht Abhilfe schaffen.***

Wenn auch Dächer den Regen abhalten, bieten sie noch lange keine ausreichende Wärmedämmung. Eine nachträgliche Dämmung führt deshalb immer zu einer spürbaren Verminderung der Heizkosten und schützt im Sommer außerdem vor zu starker Aufwärmung durch Sonneneinstrahlung.

Wirkungsvolle Dämmstoffe sollten bei geringen Feststoffanteilen möglichst viel Luft enthalten, die für eine ideale Wärmedämmung notwendig ist. Die früher ausschließlich verwendeten Materialien wie Mineralwolle und Hartschaum werden durch einen Leichtschaum ergänzt. Dieser Dämmstoff hat

***Vorarbeiten: Mit Zollstock und Bandmaß wird der Sparrenabstand ermittelt, der bei unserem Beispiel an manchen Stellen um bis zu 20 Zentimeter differierte. Wer in diese Phase sorgfältig arbeitet, kann einiges sparen.***

eine elastische Zellstruktur und erinnert beim ersten Hinsehen an Schaumstoffmatratzen, beim Berühren aber mehr an das moosartige Material zum Blumenstecken. Er ist in sich stabil, läßt sich aber etwas zusammendrücken. Aufgrund dieser Eigenschaft kann man den Dämmstoff ohne Nägel oder sonstige Befestigungsmittel zwischen den Sparren einklemmen, wenn man beim Zuschneiden mit dem Messer ein bis zwei Zentimeter zugibt.

*Mit einem scharfen Küchenmesser den Dämmstoff trennen. Ein bis zwei Zentimeter größer als gemessen zuschneiden.*

*Mit einem Brett läßt sich die Dämmstoffplatte in die richtige Position treiben. Durch das Brett vermeiden Sie, daß sich die Platte deformiert.*

*Alle an den Innenseiten der Sparren befestigten Installationen und Halterungen müssen umgesetzt werden.*

*Die gesamte Arbeit ist problemlos von einer Person auszuführen. Das Angenehme an Ihrem neuen Dach-„Innenausbau" ist die doppelt wirksame Isolierung: gegen Kälte im Winter und gegen Wärme im Sommer.*

Häuser im grünen Kleid

Eigentlich ist es nicht so erstaunlich, daß ausgerechnet in einer Großstadt, nämlich Berlin, der grüne Verputz entdeckt und ganz offiziell zur Ideallösung erhoben wurde. Der damalige Senator für Stadtentwicklung und Umweltschutz propagierte eine Idee, die sich gegen eine ganze Reihe von Vorurteilen richtete und dennoch erfolgreich war. Seitdem gibt es in Berlin eine ganze Reihe von begrünten Hausfassaden – und nicht nur dort, denn diese Maßnahme hatte Vorbildcharakter.

In Berlin brachte man es fertig, Hausbesitzer davon zu überzeugen, daß eine begrünte, lebende Hausfront einige sehr positive Auswirkungen auf das sich dahinter versteckende Haus haben kann. Die Hauptangst der Hauseigentümer bestand darin, daß die Pflanzen den Putz zerstören könnten – Irrtum, denn sogar selbstkletternde Pflanzen mit Haftwurzeln schaden einem intakten Putz nicht, sondern schützen die Hausfront, und das gleich auf vielfache Art:

*Schallschutz*: Pflanzenpolster reflektieren und „verschlucken" Schallwellen. Obendrein mindern sie den subjektiv wahrgenommenen Lärm durch ihr gleichmäßiges Rascheln.

*Wärmeschutz*: Bei starker Sonneneinstrahlung im Sommer kühlt ein dichter Pflanzenbewuchs die Hauswand durch Verdunstung, Wärmeabsorption und -reflektion.

*Kälteschutz*: Zwischen Hauswand und Pflanzen bildet sich ein Luftpolster. Außerdem reflektieren die Pflanzen die vom Gebäude abgestrahlte Wärme.

*Windschutz*: Wind verursacht die stärksten Wärmeverluste an Gebäuden. Pflanzenbewuchs vermindert den Winddruck erheblich, wodurch auch die Fugendichtigkeit erhöht wird.

*Gebäudeschutz*: Mauerwerk, Putz und Anstrich werden vor Schlagregen und UV-Strahlen geschützt, so daß sie viel weniger verwittern.

Kletterpflanzen besitzen verschiedene Organe, die es ihnen ermöglichen, sich entweder direkt an die Hauswand anzuheften oder an Rankträgern emporzuwachsen. Selbst- oder Wurzelklimmer wie Efeu, wilder Wein, Kletterhortensie und Trompetenblume können sich mit Haftwurzeln oder -scheiben an Fassaden festsaugen. Sie brauchen also kei-

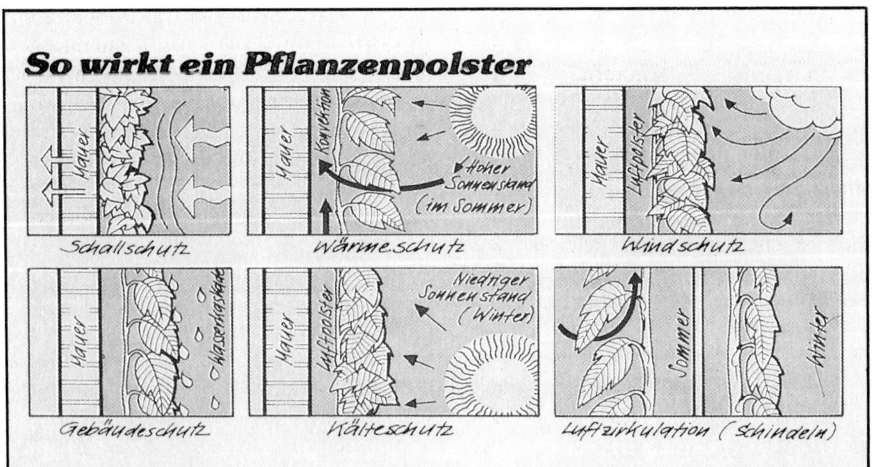

## Rankgerüste für Kletterpflanzen

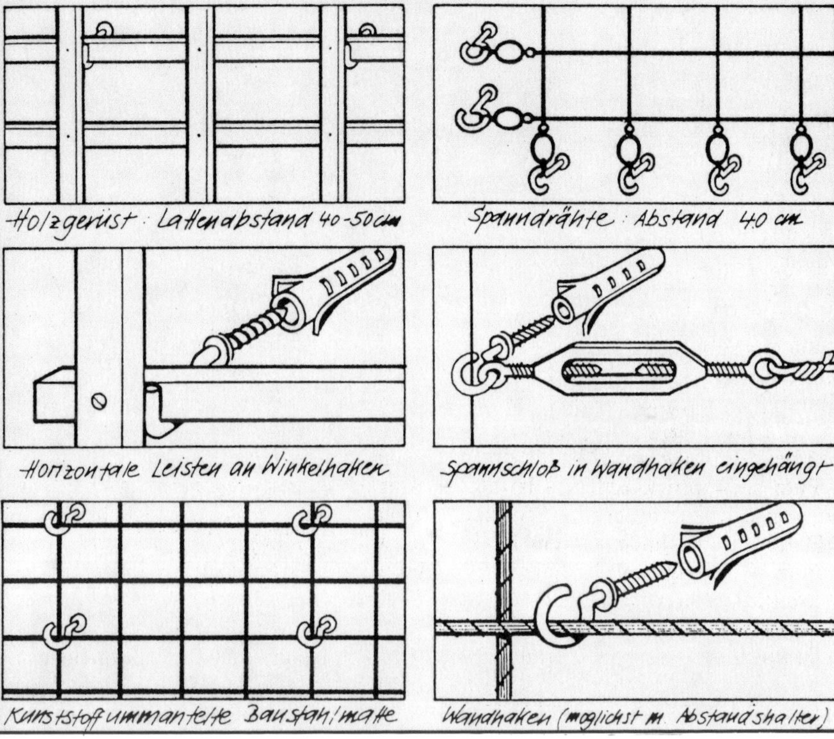


ne besonderen Kletterhilfen. Ganz anders dagegen die Schlingpflanzen wie Geißblatt, Glyzinie, Knöterich, Winde, Hopfen, Baumwürger, Rebe und Clematis. Sie benötigen Drähte oder Gitter, an denen sie sich mit ihren Sproßspitzen, Ranken und Blattstielen gut festklammern können. Auch die Spreizklimmer wie zum Beispiel Kletterrosen und Brombeeren brauchen Hilfseinrichtungen, an denen sie mit ihren Dornen klettern können. Außerdem müssen sie noch zusätzlich angebunden werden. Als Rankhilfen eignen sich Schnur- und Holzgerüste ebenso wie Baustahlmatten. Schnurgerüste verwendet man vornehmlich bei hohen Fassaden. Sie sind unauffällig und einfach anzubringen. Neben Leinen aus Kunststoff werden kunststoffummantelte Drähte bevorzugt, die man im Abstand von rund 40 Zentimetern mit Spannschlössern an verzinkten Wandhaken befestigt. Die vertikal verlaufenden Drähte können auch an horizontal angedübelten Holzprofilen angebracht werden.

Zum Bau von Holzgerüsten genügen dünne Dachlatten, die man auf waagerecht liegende Unterzüge schraubt. Die Unterlattung wird dann an verzinkte Winkelhaken gehängt. Baustahlmatten sollten unbedingt gegen Rost geschützt sein. Man hängt sie ebenfalls an Wandhaken, die auf Abstandhaltern sitzen.

Alle Gerüstarten sollten mit einem

Wandabstand von drei bis fünf Zentimetern montiert werden, damit die Pflanzen einen ausreichenden Wuchsraum bekommen und zwischen Fassade und Bewuchs ein dämmendes Luftpolster entstehen kann.

Alle an Fassaden wachsenden Kletterpflanzen brauchen große Pflanzgruben, etwa 50 Zentimeter breit, 70 Zentimeter lang und 80 Zentimeter tief. Die Pflanzlöcher werden mit einer Mischung aus Muttererde, Sand und Komposterde gefüllt.

Nach welchen Gesichtspunkten wählt man nun geeignete Kletterpflanzen aus? Ein ganz entscheidender Aspekt ist die Lage der Hauswand, die bepflanzt werden soll. An den Nord-, Ost- und Westseiten von Gebäuden ist der Energieverlust in den kälteren Monaten besonders groß. Wer also neben den ökologischen Wirkungen (wie Reinigung der Luft und Sauerstofferzeugung) auch die Wirtschaftlichkeit einer Pflanzenfassade im Auge hat, der sollte an diesen Seiten seines Hauses einen immergrünen Pflanzenpelz wachsen lassen.

Die Auswahl unter den „Immergrünen“ ist freilich klein. Nur Efeuarten und Kletterbrombeeren bilden nämlich dichte, immergrüne Polster. Dabei ist der Efeu besonders zu empfehlen, weil er im Unterschied zur Brombeere recht frosthart ist und auch bis 30 Meter hohe Fassaden relativ schnell begrünt.

Einen dichten, aber nur sommergrünen Bewuchs bilden auch Knöterich, Blauregen, Pfeifenwinde und die attraktive Kletterhortensie. Für sonnige Südwände eignet sich vor allem der wilde Wein, dessen Laub sich im Herbst färbt.

*Wilder Wein mit Früchten.*

*Geißblatt und Heckenkirsche.*

*Trompetenblume Campsis radicans.*

*Prunkwinde Ipomoea tricolor.*

# Dachrinnen-Reparatur

*Eine Möglichkeit, das Loch zu „stopfen“: das Verlöten der Zinkrinne. Dazu muß sie erst sorgfältig gereinigt, mit der Drahtbürste blank gebürstet und mit 31%iger Salzsäure eingestrichen werden. Dann erst kommt das Löten.*

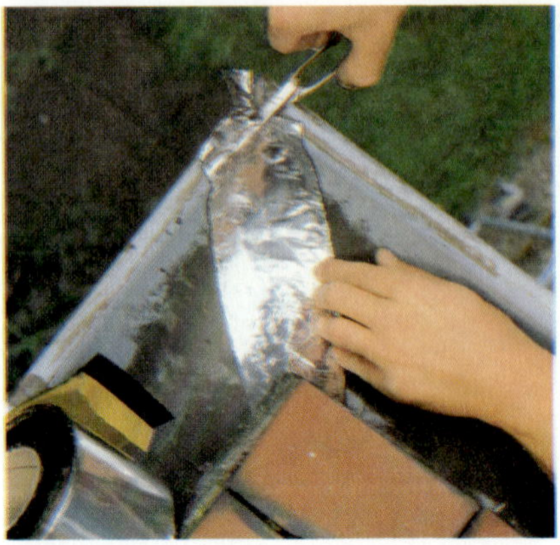

*Wenn das Lot auf der alten Rinne nicht mehr haftet, bleibt nur die Abdichtung mit Bitumenfolie, die man passend zuschneidet und dann nur an den Rändern erhitzt, um dem Material die Möglichkeit zu lassen, Temperaturschwankungen auszugleichen.*

Tausende Hektoliter Regenwasser läßt eine Dachrinne im Laufe von zwanzig Jahren über sich ergehen, ist Sonne und Frost ausgesetzt und findet allerhöchstens beim Reinigen etwas Beachtung. Rinnt nach dieser langen Zeit irgendwann ein steter Tropfen aus der guten alten Zinkrinne, gehört sie aber trotzdem noch nicht zum alten Eisen.

Meist ist es eine Lötnaht, die aufplatzt. Diese läßt sich wieder zulöten, vorausgesetzt, Sie haben das Zeug dazu. Sie brauchen einen Lötkolben mit Gasbrenner, wie ihn die Dachdecker verwenden, damit Sie nicht nur Hitze auf das Blech geben, sondern auch noch Druck auf die überlappenden Bleche aus Titan-Zink ausüben können.

Doch der Reihe nach. Das Lötzinn verbindet sich nur dann mit dem ca. 0,7 mm dicken Blech, wenn man das Umfeld der Naht zuvor blank bürstet und dünn mit Salzsäure (31%ige Lösung) bestreicht. Ist die Rinne zu betagt, so

***Was aber tun, wenn die alte Dachrinne so aussieht wie auf unserem Foto? Da hilft nur der Austausch – und auch der ist vom Heimwerker machbar mit Hilfe eines Stecksystems aus Kunststoff. Alle dafür erforderlichen Teile erhalten Sie im Baumarkt. Die Arbeit beginnt mit der Abnahme der alten Rinne bzw. mit der vorsichtigen Abnahme der untersten Dachpfannenreihe.***

daß kein blankes Metall mehr zum Vorschein kommt, können Sie die Regenrinne nur noch mit einem alu-kaschierten Bitumenstreifen abdichten. Das sogenannte Flash-Band gibt es als dicke Rolle im Dachdecker-Handel. Es wird passend zugeschnitten und nach dem Auflegen nur an den Rändern erhitzt, damit das Bitumen dort an der Rinne haftet, im inneren Bereich jedoch flexibel bleibt und Temperaturunterschiede ausgleichen kann.

Erwägen Sie einen Austausch der Dachrinne durch eine neue aus Zink oder Kupfer, so finden Sie auf S. 83 bis 90 unsere Anleitung dazu. Weit einfacher ist die Montage einer Kunststoffrinne. Zum Stecksystem, wie es z. B. von Marley in Baumärkten angeboten wird, gehört eine ausführliche Montageanleitung, die auch den Laien durchaus zum Erfolg führt – für etliche Jahre.

*Es gibt Rinnenhalter, bei denen die Neigung der Rinne durch zwei Verstellschrauben justierbar bleibt.*

*An der Stelle, an der später der Ablauf für die Rinne sein wird, muß eine Öffnung mit der Stichsäge ausgeschnitten werden.*

*Über das ausgesägte Loch für den Rinnen-Ablauf wird ein Rohrstutzen geklemmt und dann das Fallrohr aufgesteckt. Reichen die Pfannen nicht über das Dach hinaus, muß ein Traufstreifen den Abstand bis zur Rinne überbrücken.*

*Wenn das Ablaufrohr in der Mitte abgeht (wie auf unserem Beispiel), darf man der Rinne natürlich kein Gefälle geben. Übrigens: Kunststoffdachrinnen werden in verschiedenen Farben und unterschiedlichen Größen angeboten.*

# Neue Dachrinne selbst montiert

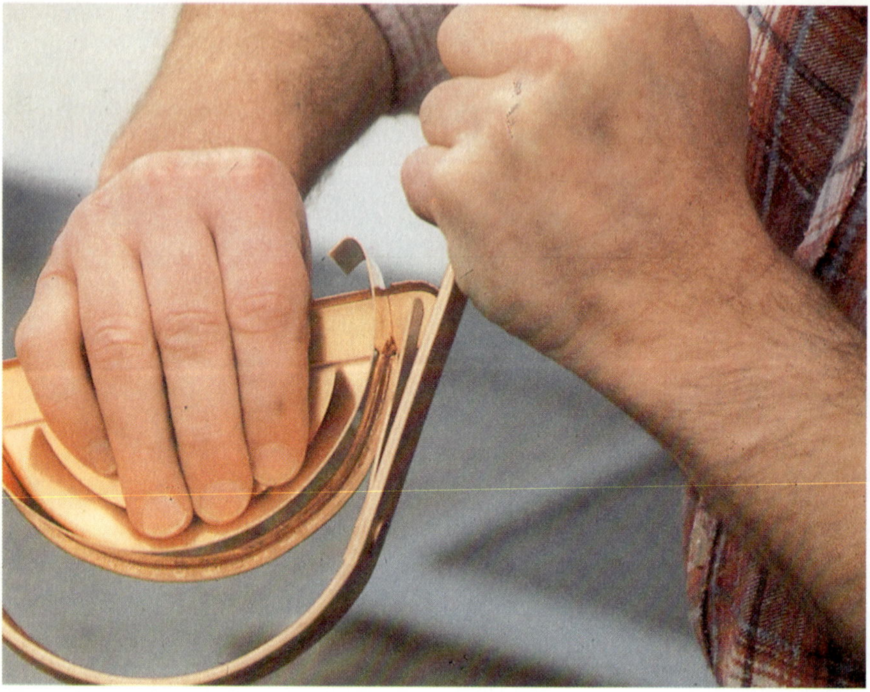

***Zunächst muß natürlich die alte Dachrinne abgebaut werden, was am leichtesten geht, indem man sie in handliche Stücke sägt (vgl. Foto auf der vorhergehenden Seite). Auch die alten Halter sind nicht mehr zu verwenden, da sie sich mit Kupfer nicht vertragen. Dann müssen die neuen Halter vorbereitet werden. Ein Endstück (Foto) dient als Schablone.***

Eines Tages ist es soweit. Dann macht sich plötzlich ein Bauteil am Haus unliebsam bemerkbar, das Sie bisher kaum wahrgenommen haben: Ein Rinnsal deutet, meist direkt vor der Haustür oder nahe beim Schlafzimmerfenster, stetig plätschernd und unüberhörbar auf den altersbedingt traurigen Zustand der Dachrinne hin. Falls bei der folgenden Inspektion nur diese eine Schwachstelle entdeckt wird, genügt eine kleine Reparatur, wie wir sie auf S. 79–82 geschildert haben. Sobald aber größere Mängel ans Tageslicht kommen, müssen Sie sich grundlegend über Ersatz Gedanken machen.

Kunststoff-Systeme, die der Heimwerker selbst montieren kann, sind schon seit einiger Zeit auf dem Markt. Neu ist dagegen die Möglichkeit, mit Kupfer zu arbeiten. Dieses edelste der für Dachrinnen geeigneten Materialien war bisher aus gutem Grund dem Dachdecker vorbehalten, denn das saubere Verlöten der Elemente will gelernt sein. Nun aber hat die Kölner Kunststoff-Zentrale als reizvolle Alternative ein wohldurchdachtes Bausatz-System in die Heimwerkermärkte gebracht. Die Stelle des Lötzinns vertritt hier ein spezieller Dichtkleber, den man aus der Kartusche direkt auf die gesäuberten Teile

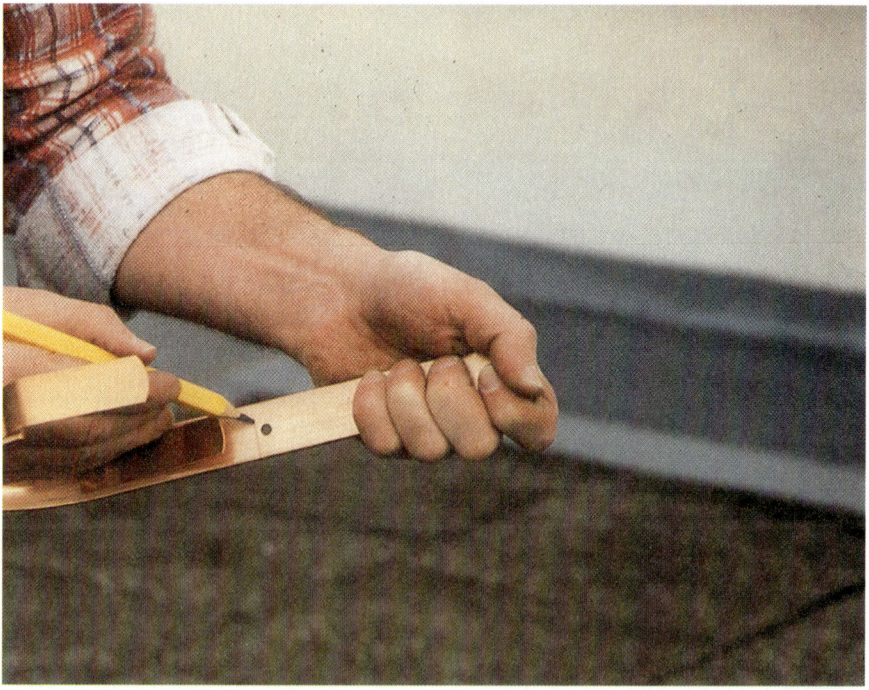

***Ist der erste Halter mit Hilfe des Endstücks in die richtige Form gebracht worden, lassen sich die anderen Halter nach diesem Prototyp ausrichten. Beim Anreißen achten Sie bitte darauf, jedesmal den Prototyp als Muster zu nehmen – so vermeiden Sie sich summierende Ungenauigkeiten, die entstehen können, wenn man das jeweils zuletzt gezeichnete Stück als Muster nimmt.***

aufträgt. Wie das im einzelnen vor sich geht, können Sie anhand unserer Fotos leicht nachvollziehen. Zudem erläutern Zeichnungen auf der Verpackung jeden Schritt.

Im ESKO-System sind selbstverständlich auch alle notwendigen Zubehörteile wie Halterungen, Bögen, Fallrohre, Trichterstutzen und Schellen enthalten. Die Rinnen selbst gibt es als Zwei- und als Dreimeterstücke.

Die elegante Kupfer-Lösung hat freilich ihren Preis. Das Zweimeterelement aus Edelmetall kostet zum Beispiel ca. 45 Mark. Dieselbe Länge in Kunststoff bekämen Sie dagegen schon für weniger als die Hälfte. Wer also zum Kupfer tendiert, sollte vorher genau berechnen, was und wieviel er braucht, um teuren Verschnitt zu vermeiden.

Ablängen kann man die Teile mit jeder Metallsäge. Zum Biegen der Halterungen eignet sich am besten eine Spezialzange. Mit ihr läßt sich der einmal eingestellte Winkel bequem auf alle weiteren Halterungen übertragen. Ein solches Werkzeug können Sie gegen ein kleines Entgelt in dem Baumarkt ausleihen, wo Sie das Rinnen-Material kaufen.

*Jetzt kommt das Anpassen der Halter an die Dachneigung. Dabei ist eine Spezial-Biegzange (die man sich eventuell bei dem Baumarkt leihen kann, von dem man das Material bezogen hat) sehr nützlich, denn bei ihr läßt sich der gewünschte Winkel fixieren.*

*Noch einmal dient ein provisorisch eingesetztes Endstück als Montagehilfe: Mit ihm und einer Wasserwaage läßt sich der korrekte Sitz der Halterung genau überprüfen.*

*Wenn die Winkel stimmen, wird die erste Halterung mit Kupfernägeln befestigt. Danach kommt die nächste am anderen Ende des Dachs an die Reihe, denn nach diesen beiden Haltern werden die anderen ausgerichtet. Dabei unbedingt ein Gefälle von 3 bis 5 mm pro Meter in Richtung auf das Fallrohr berücksichtigen.*

*Mit Hilfe der parallel gespannten Richtschnüre können Sie die Halter nach und nach exakt ausrichten und anbringen.*

*Wo das Fallrohr angesetzt werden soll, schneiden Sie zunächst eine runde Öffnung mit der Blechschere aus. Dann wird das Blech vorsichtig mit einem Hammer umgebogen, der Anschluß aufgestülpt, die Kanten werden geknickt und schließlich angedrückt.*

*Wenn das Kupfer im Klebebereich gesäubert ist, tragen Sie mit der Kartusche zwei Streifen Dichtkleber auf und . . .*

*. . . setzen das Endstück fest ein. Zwei kleine Schnitte ins Blech verhindern ein seitliches Ausweichen.*

***Auch die Rinnen-Elemente werden mit Hilfe des Dichtklebers verbunden. Lassen Sie dabei die beiden Elemente etwa vier Zentimeter überlappen.***

***Wenn man den Wulst am Ende etwas aufbiegt, paßt der Anschluß perfekt. Eins gilt für jegliche Arbeit mit dem Dichtkleber: Alle Reste sofort abwischen.***

***Die Fallrohrteile braucht man nur ineinanderzustecken; Rohrbögen und Schellen werden mitgeliefert.***

***Als Übergang zwischen Dacheindekkung und Rinne werden Traufbleche – ebenfalls aus dem Heimwerkerprogramm – mit Haften und Nägeln befestigt.***

***Ein krönender Abschluß? Jetzt kommt das sehr nützliche Rinnensieb in die Öffnung des Fallrohrs. Als weiteres Zubehör wird eine Klappe angeboten, die im Bedarfsfall das Wasser in eine Regentonne umleitet.***

*Aus edlem Material, formschön und unverwüstlich: So wird ein notwendiges Bauelement zum Schmuckstück. Von unten ist kein Unterschied zwischen der Selbstbau-Kupferdachrinne und einer vom Fachmann „klassisch“ verlöteten Regenrinne auszumachen.*

# Umweltschonende Farben und Lacke

Kennen Sie Menschen, die reine Engel sind oder pure Bengel? Wenn Sie das glauben, dann bedenken Sie bitte, daß jedes Ding, aber auch wirklich jedes, mindestens seine zwei Seiten hat: Der lustige Mann . . . der seine Kinder schlägt. Das hübsche Mädchen . . . das so häßlich tratscht. Die Grenze zwischen Engel und Bengel ist nicht nur bei Menschen sehr oft fließend.

Strom kann heizen – und töten. Farben hellen unser Umfeld auf – und können uns und unsere Umwelt vergiften.

Schauen Sie sich bitte das Foto auf der vorhergehenden Seite an. Das linke Produkt, das mit dem Blauen Engel, ist umweltschonend, aber ziemlich teuer. Völlig ungiftig ist es auch nicht. Der mittlere Anstrich ist besonders wirkungsvoll, aber er enthält schädliche Substanzen in einer Menge, die nicht mehr als umweltfreundlich gelten. Das Carbolineum rechts ist giftiger, von geringerer Qualität und billiger. Und auch an diesem Produkt hängen Arbeitsplätze.

Im Konflikt zwischen Ökologie und Ökonomie den richtigen Weg zu finden, ist sicherlich nicht einfach. Wie wir spätestens seit dem schweren Reaktor-Unglück von Tschernobyl wissen, entscheidet nicht allein die Substanz eines Stoffes darüber, ob er die Umwelt beeinträchtigt und gesundheitsbelastend ist, sondern wichtig sind auch:
– die Zusammensetzung (das Blei im Bleikristall ist beispielsweise ungiftig);
– die Menge (Himbeeren enthalten das lebensgefährliche Cumarin, aber eben nur in einer so geringen Menge, daß es nicht schadet);
– die Einwirkungsart (Methylalkohol auf der Haut kühlt, getrunken kann er tödlich sein);
– die Einwirkungsdauer (Radioaktivität bekämpft Krebs oder verseucht, wie in der UdSSR, ganze Regionen).

Schon die alten Römer wußten es: Allein die Dosis, also die aufgenommene Menge pro Zeit, macht das Gift. Stoffe, die in geringen Konzentrationen ungefährlich sind, können bei höherer Dosierung die Schwelle zum Umwelt-Gift überschreiten. Auch um das zu verhindern ist das Umweltbundesamt entstanden. Eine Methode, schadstoffarme Produkte zu fördern, ist die Verleihung des Blauen Engels. Die Anforderungen, die die Hersteller zu erfüllen haben, die umweltfreundlichere – aber mindestens gleich gute – Produkte auf den Markt bringen wollen, sind in den letzten Jahren strenger gefaßt und den neuesten wissenschaftlichen Erkenntnissen angepaßt worden. Wie sie für

**Lacke können den Umweltengel erhalten, wenn sie . . .**

– frei von Inhaltsstoffen sind, die nach der Arbeitsstoff-Verordnung genannt werden müßten (z.B. giftig). Sind derartige Stoffe jedoch enthalten, so muß ihre Menge mindestens 50 Prozent unter der kennzeichnungspflichtigen Grenzwert-Konzentration liegen;
– nicht mehr als 15 Prozent an organischen Lösungsmitteln enthalten;
– ohne Fluorchlorkohlenwasserstoffe (FCKW) angeboten werden, falls es sich um Lakke in Spraydosen handelt;
– den üblichen Qualitätserfordernissen entsprechen.

***Eins steht inzwischen fest: Holz im Haus benötigt keine giftigen Schutzstoffe. Die Tendenz, auf jeden Fall auf Nummer Sicher zu gehen und erst einmal einen Isolier- und/oder Schutzanstrich auf das neu gebaute Möbel zu bringen, ist falsch und hat in den letzten Jahren deutlich abgenommen. Und noch etwas: Ins Kinderzimmer gehören ausschließlich umweltfreundliche Farben, die zudem noch schweiß- und speichelfest sein sollten.***

schadstoffarme Lacke und für blei- und chromatarme Anstrichstoffe für den Korrosionsschutz aussehen, lesen Sie bitte in unseren Kästen.

Welchen Sinn soll es nun haben, weniger Blei, Chrom und Lösemittel zu verstreichen? Blei wird vom Menschen mit der Nahrung und über die Atemwege aufgenommen. Es reichert sich im menschlichen Körper an, da der Organismus es nur ganz langsam ausscheiden kann. In höheren Konzentrationen beeinträchtig das Schwermetall die Blutbildung und das Nervensystem. Zinkchromat gehört nach den Erkenntnissen der Medizin zu den krebserregenden Arbeitsstoffen. Jährlich werden in der Bundesrepublik jedoch ungefähr 4000 Tonnen Bleimennige verarbeitet, außerdem etwa 2000 Tonnen Zinkchromate. Während Brücken, Strommasten und Autos langsamer rosten, geben die Schutzanstriche ihre gefährliche Fracht weiter an die Luft und an den Boden.

Bei den organischen Lösungsmitteln ist der Weg ähnlich: 100 000 Tonnen steigen Jahr für Jahr zum Himmel, derweil am Boden lackiert wird. Aus anderen Luftverunreinigungen und Sonnenlicht entsteht Smog. Der macht unsere Lungen krank und auch die Lungen der Erde – die Wälder.

Denn dort wachsen die Bäume, die un-

**Als blei- und chromatarme Anstrichstoffe gelten Korrosionsschutzfarben, bei denen folgende Anforderungen erfüllt sind:**

– Blei- und Chrom VI-Verbindungen dürfen nicht verwendet werden. Nur als Spurenelemente, produktionsbedingt oder als natürliche Verunreinigungen dürfen sie enthalten sein, allerdings nur zu höchstens 0,5 bzw. 0,1 %.

– Inhaltsstoffe, die giftig, reizend, gesundheitsgefährend, ätzend oder krebserzeugend sind, dürfen nicht enthalten sein.

– Der Hersteller hat die gute Gebrauchstauglichkeit – vor allem den Korrosionsschutz – nachzuweisen.

***Wenn der Untergrund trocken und fest ist, kann's sofort losgehen: Die Farbe wird angerührt, indem Sie die Abtönfarbe in das Grundweiß geben und mit einem Holzstab gleichmäßig umrühren. Und nun kann nach Belieben gerollt werden.***

sere Atemluft filtern. Hier entsteht das Holz, das wir mit möglichst schadstoff- und lösungsmittelarmen Anstrichen schützen sollten.

Mit der Umweltfarbe von Alpina wird das Anstreichen von Rauhfasertapeten fast zum Vergnügen, denn das lästige Abdecken der Möbel und des Teppichbodens ist nun nicht mehr nötig. Sie müssen nur Ihre Möbel ein wenig zur Seite rücken, damit Sie auch ungehindert arbeiten können, und natürlich die Fußleisten abkleben. Die cremige Farbe ist nur in Weiß erhältlich und läßt sich prima abtönen. Sie wird direkt aus dem Eimer mit der Rolle unverdünnt aufgetragen. Erst beim Verstreichen wird sie flüssig und garantiert somit „tropffreie“ Zeiten.

Weitere Vorteile sind, daß sie frei von Schadstoffen und Lösemitteln ist, außerdem geruchsfrei und daher in allen Räumen – ob Kinderzimmer, Schlafzimmer, Küche oder Bad – verwendet werden kann, ohne daß Sie tagelang den Farbgeruch in der Nase haben.

Die Umwelt-Cremefarbe erhalten Sie in 5-l-Gebinden in Bau- und Heimwerkermärkten, vereinzelt auch in Verbrauchermärkten. Ein Gebinde langt für ca. 40 qm. Bei normalen bis starken Verschmutzungen reicht in der Regel ein Anstrich aus. Dunkle Farben müssen Sie noch einmal überrollen.

Wichtig ist, die Umwelt-Cremefarbe nur auf trockenen und festen Untergründen zu verarbeiten. Rissige Altanstriche müssen vorher entfernt werden. Bei sandenden Putzen und saugenden Flächen müssen Sie die Wände vorher immer sorgfältig mit Tiefgrund vorbehandeln.